Procesos de gestión de departamentos del área de alojamiento

Verónica Atienza Sobrino

ic editorial

Procesos de gestión de departamentos del área de alojamiento
© Verónica Atienza Sobrino

1ª Edición

© IC Editorial, 2025

Editado por: IC Editorial
c/ Cueva de Viera, 2, Local 3
Centro Negocios CADI
29200 Antequera (Málaga)
Teléfono: 952 70 60 04
Fax: 952 84 55 03
Correo electrónico: iceditorial@iceditorial.com
Internet: www.iceditorial.com

ISBN: 979-13-7027-078-0
Depósito Legal: MA 1815-2025

Impresión: PODiPrint
Impreso en Andalucía – España

Nota de la editorial: IC Editorial pertenece a Innovación y Cualificación S. L.

Presentación del manual

El **Certificado de Profesionalidad** es el instrumento de acreditación, en el ámbito de la Administración laboral, de las cualificaciones profesionales del Catálogo Nacional de Cualificaciones Profesionales adquiridas a través de procesos formativos o del proceso de reconocimiento de la experiencia laboral y de vías no formales de formación.

El elemento mínimo acreditable es la **Unidad de Competencia.** La suma de las acreditaciones de las unidades de competencia conforma la acreditación de la competencia general.

Una **Unidad de Competencia** se define como una agrupación de tareas productivas específica que realiza el profesional. Las diferentes unidades de competencia de un certificado de profesionalidad conforman la **Competencia General,** definiendo el conjunto de conocimientos y capacidades que permiten el ejercicio de una actividad profesional determinada.

Cada **Unidad de Competencia** lleva asociado un **Módulo Formativo,** donde se describe la formación necesaria para adquirir esa **Unidad de Competencia,** pudiendo dividirse en **Unidades Formativas.**

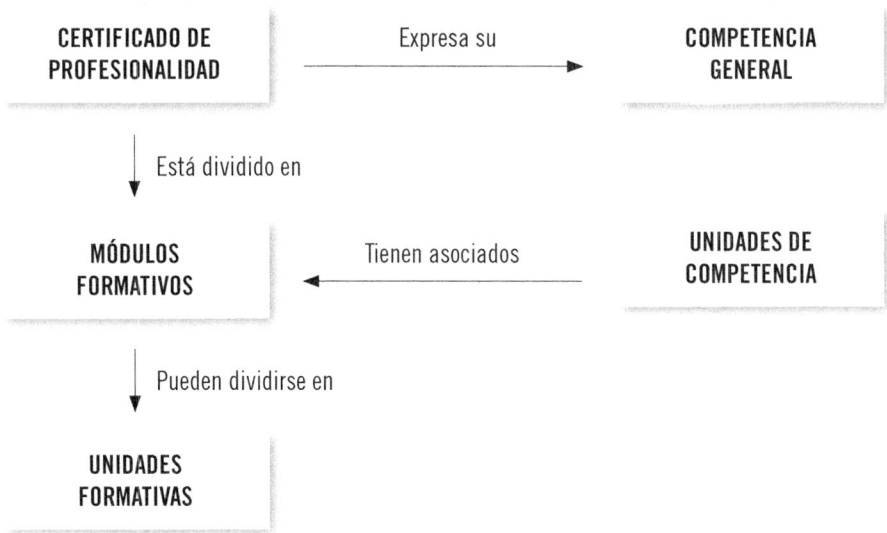

El presente manual desarrolla la Unidad Formativa **UF0048: Procesos de gestión de departamentos del área de alojamiento,**

perteneciente al Módulo Formativo **MF0265_3: Gestión de departamentos del** área de alojamiento,

asociado a la unidad de competencia **UC0265_3: Gestionar departamentos del** área de alojamiento,

del Certificado de Profesionalidad **Recepción en alojamientos**

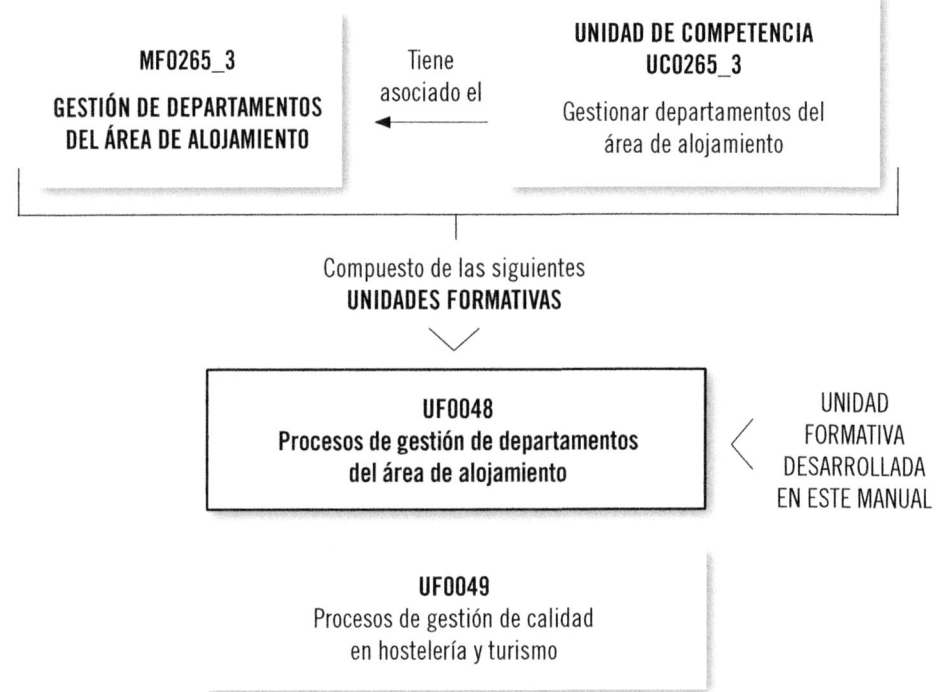

FICHA DE CERTIFICADO DE PROFESIONALIDAD

(HOTA0308) RECEPCIÓN EN ALOJAMIENTOS (R. D. 1376/2008, de 1 de agosto, modificado por el R. D. 619/2013, de 2 de agosto)

COMPETENCIA GENERAL: Gestionar el departamento de recepción, de acuerdo con la planificación general del establecimiento de alojamiento, desarrollando y asegurando la correcta prestación de los servicios que le son propios y la ejecución de acciones comerciales.

Cualificación profesional de referencia		Unidades de competencia	Ocupaciones o puestos de trabajo relacionados
HOT094_3: RECEPCIÓN (R. D. 295/2004 de 20 de febrero y modificaciones publicadas en el RD 1700/2007 de 14 de diciembre)	UC0263_3	Ejecutar y controlar el desarrollo de acciones comerciales y reservas	• Encargado de comunicaciones • Encargado de reservas • Jefe de reservas • Coordinador de calidad • Promotor turístico • 4522.004.1 Recepcionista de hotel • 4522.004.1 Jefe de recepción • 4522.009.6 Conserje de hotel
	UC0264_3	Realizar las actividades propias de la recepción	
	UC0255_3	Gestionar departamentos del área de alojamiento	
	UC1057_2	Comunicarse en inglés, con un nivel de usuario independiente, en las actividades turísticas	

Correspondencia con el Catálogo Modular de Formación Profesional

Módulos certificado	Unidades formativas	Horas
MF0263_3: Acciones comerciales y reservas	UF0050: Gestión de reservas de habitaciones y otros servicios de alojamientos	60
	UF0051: Diseño y ejecución de acciones comerciales en alojamientos	60
	UF0042: Comunicación y atención al cliente en hostelería y turismo	30
MF0264_3: Recepción y atención al cliente	UF0052: Organización y prestación del servicio de recepción en alojamientos	90
	UF0042: Comunicación y atención al cliente en hostelería y turismo	30
	UF0043: Gestión de protocolo	30
	UF0044: Función del mando intermedio en la prevención de riesgos laborales	30
MF0265_3: Gestión de departamentos del área de alojamiento	UF0048: Procesos de gestión de departamentos del área de alojamiento	70
	UF0049: Procesos de gestión de calidad en hostelería y turismo	50
MF1057_2: Inglés profesional para turismo		90
MP0013: Módulo de prácticas profesionales no laborales		120

Índice

Capítulo 1
La planificación en las empresas y entidades de alojamiento

Contenido

1. Introducción

Todos los establecimientos de alojamiento turístico, igual que cualquier otra empresa u organización sea del sector que sea, se crean con la finalidad de perdurar en el tiempo, lo que requiere prever el futuro y anticiparse a los acontecimientos para intentar reducir la incertidumbre.

Pero, a pesar de la importancia de este hecho para el éxito de las empresas, son muchos aún los empresarios que viven día a día, solucionando los problemas según se les presentan, sin prepararse para lo que el futuro les depara y, por lo tanto, dejando en el más completo olvido la planificación.

Por lo tanto, es importante concienciar a los empresarios y directivos del sector de la importancia de la planificación, y mucho más en momentos de crisis económica mundial y de fuerte competencia.

2. La planificación en el proceso de administración

Las funciones de la dirección de un hotel se dividen en dos tipos según sean administrativas, es decir, las que están encaminadas a poner en práctica todo lo necesario para la consecución de los objetivos marcados, o de ejecución, es decir, las que nos reflejan los resultados del trabajo realizado. Estas funciones son las siguientes:

1. Función administrativa:

   ▪ Planificación
   ▪ Organización
   ▪ Motivación
   ▪ Coordinación
   ▪ Control

2. Función de ejecución:

   ▪ Técnicas
   ▪ Comerciales

- Financieras
- De seguridad
- Contables

La primera de las funciones administrativas de la dirección, **la planificación,** supone adelantarse y prever el futuro, como medio de toma de decisiones, seleccionando, entre una serie de alternativas, los objetivos, los programas, los presupuestos y directrices del hotel, diseñando el plan idóneo para conseguir los fines que se han establecido.

De este modo, la dirección de un establecimiento de alojamiento turístico ha de implantar diversos planes que prevean el futuro para la toma de decisiones dentro de su empresa.

Es un proceso que ha de determinar los objetivos, definir las estrategias y políticas para alcanzar los objetivos y desarrollar planes detallados que se encaminen a la ejecución de los objetivos propuestos.

En definitiva, lo que hacemos al planificar es crear las condiciones para el desarrollo coordinado del hotel, optimizando los aspectos positivos de su entorno y contrarrestando los efectos negativos del mismo.

 Recuerde

La planificación implica la idea de reducir la incertidumbre y su oposición a la gestión del "día a día".

Evidentemente, todo plan que se establezca deberá estar sustentado por una determinada organización y por los medios económicos y humanos necesarios para su ejecución.

Y deberá basarse en las previsiones tanto de su medio interno, es decir, de los elementos que la integran, como del medio exterior en cuestiones económicas, tecnológicas, políticas, sociales, etc.

La planificación es, por tanto, el medio para alcanzar los objetivos establecidos, basados en un proceso que debe ser sistemático, dinámico y continuo, en el que se van controlando y cotejando periódicamente los resultados con lo previsto para corregir las desviaciones que se produzcan. Para que esta planificación sea eficiente, las empresas precisan la mayor información posible del medio interno y externo, presente y futuro, apoyado por recursos financieros, tecnológicos y humanos.

Planificar, adelantarse y preveer el futuro.

3. Principales tipos de planes: objetivos, estrategias y políticas; relación entre ellos

Un plan es un instrumento donde quedan reflejados y definidos los objetivos, las estrategias y las políticas de la empresa, entre otros conceptos.

Requisitos imprescindibles de los planes son que se tenga en cuenta la realidad de la empresa y que se elaboren con anterioridad a las acciones que se emprendan.

3.1. Tipos de planes

Existen distintos **tipos de planes** según:

1. El período de tiempo en el que se espera conseguir los objetivos planteados:

   ■ **A largo plazo:** son aquellos cuyos objetivos se cumplirán pasados los tres años.
   ■ **A medio plazo:** son aquellos cuyos objetivos se cumplirán entre uno y tres años.
   ■ **A corto plazo:** son aquellos cuyos objetivos se deben cumplir en el plazo de un año como máximo.

2. Si se formulan para toda la organización o no, pueden ser:

   ■ **Estratégicos:** son planes que se aplican a toda la empresa a medio o a largo plazo, normalmente cuentan con pocos objetivos pero muy concretos y que definen la posición de la empresa en su entorno. Para ello, se emplea una herramienta muy utilizada por la mayoría de las empresas hoteleras, así como de restauración y agencias de viajes conocida como análisis DAFO (debilidades, amenazas, fortalezas y oportunidades).

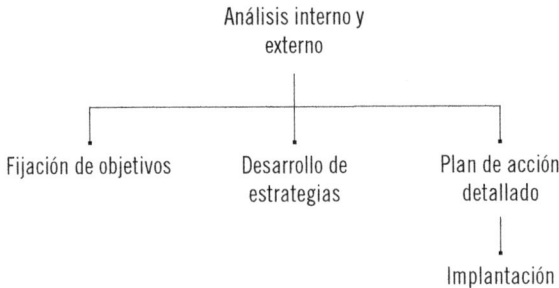

Proceso de planificación

Análisis interno y externo

Fijación de objetivos — Desarrollo de estrategias — Plan de acción detallado

Implantación

- ▪ **Operacionales u operativos:** son los planes que cada área funcional de la empresa desarrolla para la consecución de los objetivos establecidos en el plan estratégico de la empresa. Se elaboran a corto plazo.

3. Según el grado de concreción de sus objetivos, pueden ser:

- ▪ **Direccionales:** son aquellos que identifican las directrices generales de la empresa.
- ▪ **Específicos:** son los planes que establecen las diferentes áreas de producción.

4. Según su naturaleza, pueden ser:

- ▪ Plan de producción
- ▪ Plan de inversiones
- ▪ Plan de financiación
- ▪ Plan de aprovisionamiento
- ▪ Plan de *marketing*
- ▪ Plan de RR. HH.

 Recuerde

Un plan es un medio para conseguir definir los objetivos, las estrategias y las políticas de empresa, entre otros elementos.

 Aplicación práctica

Como directivo del nuevo "Hotel Marina" de 4 estrellas, ubicado en una ciudad costera de Málaga, se nos pide que, de cara a la elaboración del Plan Estratégico del hotel,

Continúa en página siguiente >>

<< Viene de página anterior

realicemos un análisis de las oportunidades y amenazas que presenta su ubicación en la Costa del Sol.

SOLUCIÓN

El entorno en el que el hotel va a desarrollar su actividad, en plena Costa del Sol, tras un análisis DAFO, presenta las siguientes oportunidades y amenazas.

Oportunidades:

- Clima agradable.
- Existencia de playas.
- Imagen de la marca "Costa del Sol" consolidada.
- Oferta diversificada: turismo cultural, de reuniones, urbano, de idiomas, de golf, etc.
- Buena infraestructura de accesos (aeropuertos: Málaga y Gibraltar; autovías; ferrocarril: AVE; etc.).
- Buena oferta complementaria: bares, restaurantes, parques de ocio, etc.
- Buena oferta deportiva: golf, puertos deportivos, etc.
- Buena relación calidad-precio.

Amenazas:

- Atomización de la oferta.
- Competencia de otros destinos mediterráneos.
- Proliferación de segundas viviendas e inmuebles de uso compartido.
- Desunión empresarial.
- Falta de capital local en las empresas.
- Falta de calidad en los destinos.
- Destino en fase de madurez.
- Algunas infraestructuras obsoletas.
- Urbanización del litoral.
- Contaminación en las playas y medioambiente degradado.

El plan estratégico que se realice para el hotel deberá minimizar los inconvenientes aprovechando al máximo las oportunidades detectadas.

3.2. Objetivos, estrategias y políticas; relación entre ellos

Los planes están formados por varios elementos, de los cuales los más importantes son los objetivos, las estrategias y las políticas, aunque en muchas ocasiones estos términos son por sí mismos planes.

Objetivos

Son el aspecto práctico o concreto de los planes, es decir, cómo la empresa pretende alcanzar lo propuesto. Por lo tanto, deben presentarse de forma operativa.

Toda empresa tiene un objetivo principal, y en el caso de un establecimiento de alojamiento es alojar al mayor número de huéspedes, pero no será su único objetivo, ya que puede tener otros como conseguir prestigio y distinción, tener a los mejores profesionales, etc.

Toda empresa debe establecer sus objetivos.

Clasificaciones de los objetivos hay varias, como:

1. Generales o específicos.
2. Económicos, técnicos, humanos o sociales.
3. Operacionales o estratégicos.
4. De negocio, soporte o estructura.
5. De ruptura o continuidad.

Pero todos ellos deben tener las siguientes características:

- Han de ser conocidos por todos.
- Que alcancen todos los aspectos importantes del hotel.
- Deben ser pocos y ordenados según su prioridad (no menos de diez y no más de veinte).
- Realistas y alcanzables.
- Compatibles entre sí.
- Cuantificables y comparables.
- Que se respete su continuidad.
- Deben pactarse o conciliarse.
- Han de tener independencia y generar alternativas.

 Ejemplo

Los objetivos de una empresa pueden ser: aumentar las ventas, respeto al medioambiente, prestigio, mejorar la imagen, lanzamiento, cambio de negocio, etc.

Estrategias

Son lo que determina qué tipo de empresa va a ser, es decir, todos aquellos enfoques, modos de actuar y actos favorecedores para la actividad empresarial.

Deben tener presente la posibilidad de cambios y, por lo tanto, no deben ser permanentes.

 **Ejemplo**

Establecer una imagen de calidad con precios altos, diversificar la oferta, penetrar en el mercado con precios muy bajos, etc.

Políticas

Son la filosofía de cada empresa, que la condicionan y guían en la toma de decisiones. Emanan, por tanto, de sus niveles jerárquicos más altos y lo más aconsejable es que se recojan de forma escrita, para conocimiento de todos los miembros de la organización.

Lógicamente, cualquier objetivo que se establezca debe estar en consonancia con las políticas de la empresa.

 Ejemplo

Política de vender sin descuentos, política de máxima calidad, política de no vender a crédito, etc.

Así, lo primero que se debe tener bien claro es la misión de la empresa; se trata de una declaración concisa que refleja el propósito fundamental de la organización, incluyendo a quién sirve, qué hace y por qué es importante. Para diseñar dicha misión, hay todo un plan de trabajo con unas políticas, objetivos y estrategias, debiendo estar todos ellos interrelacionados ente sí e ir en la misma dirección, de forma que se garantice el óptimo uso de todos lo recursos.

Además, todo plan que se precie debe estar formado también por:

- **Procedimientos.** Indican de forma clara y detallada los pasos que seguir para realizar ciertas actividades. Un ejemplo puede ser los procedimientos para la selección de personal.
- **Métodos.** Son la guía para el desarrollo adecuado de una tarea. Un ejemplo puede ser cómo hacer una reserva.
- **Normas.** Son reglas inflexibles que marcan lo que debe cumplirse. Un ejemplo puede ser no admitir bonos de agencias extranjeras.
- **Programas.** Son la cuantificación y la concreción de los planes para un período de tiempo determinado. La diferencia entre un plan y un programa es que este primero es un proyecto de carácter general, mientras que el segundo es de carácter particular.
- **Presupuestos.** Es el establecimiento de la previsión de los resultados cuantitativamente, es decir, establecer por anticipado lo que voy a invertir y lo que voy a recoger.

Los planes deben ser conocidos por todos.

? Sabía que...

Frederick Winslow Taylor, considerado el padre de la Administración Científica, decía que "siempre existe un método mejor para hacer cualquier cosa".

4. Pasos lógicos del proceso de planificación como enfoque racional para establecer objetivos, tomar decisiones y seleccionar medios en las distintas empresas y entidades del sector

Toda planificación debe establecer de forma detallada qué acciones se realizarán, en qué momento, quiénes las llevarán a cabo y con qué medios. O dicho de otro modo, determinarán por anticipado:

- ¿Qué se debe hacer?
- ¿Cómo se debe hacer?
- ¿Cuándo se debe hacer?
- ¿Quién deberá hacerlo?

El **proceso de planificación** de una empresa debe comenzar con la exposición de sus objetivos, a lo que le seguirá una secuencia de estrategias, políticas, planes y programas que se producirán a lo largo del tiempo.

Y deberá caracterizarse por:

1. Contemplarse habitualmente a largo plazo (aunque pueden establecerse planes a más corto plazo).
2. Ser un proceso dinámico y flexible.
3. Ser metódico en cuanto a que deberá realizarse, y por lo tanto basarse en estudios del presente y de las perspectivas futuras.
4. Combinar decisiones de capital-trabajo-tecnología.

Aunque no existe unanimidad en los estudiosos de la materia en cuanto al proceso de planificación, se puede afirmar que debe abarcar los siguientes pasos:

1. Determinar y concretar los objetivos que desee alcanzar la empresa.
2. Establecer las políticas y estrategias que se adoptarán.
3. Establecer de qué manera se van a conseguir, es decir, establecer los procedimientos, métodos, normas y programas.
4. Determinar el presupuesto y los recursos humanos y materiales que se van a necesitar.

5. Establecer medidas para identificar, controlar y corregir posibles desviaciones que puedan producirse entre lo previsto y lo realizado.

Todos los pasos son similares para todas las empresas, pero teniendo en cuenta que no todas las empresas son iguales, ni su tamaño o su cifra de negocio la misma, no todas deben pasar por todas estas fases de planificación ni en el mismo orden.

 Recuerde

Toda planificación debe responder a:

▌ ¿Dónde estamos?
▌ ¿A dónde queremos llegar?
▌ ¿Qué vamos a hacer para ello?

5. Revisión periódica de los planes en función de la aplicación de los sistemas de control característicos de estas empresas

Las empresas turísticas están sujetas a constantes cambios en el medio en que se desenvuelven, a veces profundos, y por lo tanto se hace necesario que traten de adaptarse a ese entorno cambiante. La planificación es pues la herramienta que les permitirá adaptarse, y junto a esta es inseparable e imprescindible **el control.**

De nada nos servirá establecer unos objetivos, si no establecemos paralelamente unos medios para saber si los estamos alcanzando o hemos alcanzado, al igual que de nada nos servirá realizar acciones de control si previamente no hemos establecido unos planes. Por lo tanto, planificación y control son dos procesos indisolublemente unidos.

Controlar es vigilar, observar, comparar. Y en este contexto, control es el instrumento que mide el grado de cumplimiento de los objetivos marcados. Y supondrá:

- Por un lado, medir el grado de cumplimiento de los objetivos marcados y establecer las desviaciones producidas.
- Y por otro, poner en marcha los mecanismos de corrección adecuados que subsanen las desviaciones, y que esta información sirva para las futuras tomas de decisiones.

Por lo tanto, el proceso de control debe contener los siguientes pasos:

1. Fijar unos estándares en términos mensurables, es decir, los indicadores de lo que se quiere alcanzar.
2. Medir o analizar los resultados, examinando cada una de las fases de la actividad, y comparándolos con los estándares fijados.
3. Detectar las posibles desviaciones producidas y analizar los motivos que la han originado. Y poner, en caso de que fuera necesario, en marcha las acciones correctivas.

Si se produjeran desviaciones entre lo previsto y los resultados, las causas pueden deberse a:

a. Que el proceso de planificación en su totalidad parta de una base errónea, por lo que en su totalidad debería revisarse.
b. Que solo algunos aspectos del proceso de planificación sean erróneos.
c. Que los planes no se hayan puesto en marcha de forma correcta.

Se pueden valorar o medir valores monetarios o físicos, que resulta más sencillo, u otros valores como el rendimiento de un recepcionista o un animador, que resulta más complicado.

Por ello, pueden darse diferentes tipos de control:

- **Control presupuestario:** es aquel que consiste en la comparación del presupuesto elaborado con la realidad acontecida.

■ **Control no presupuestario:** este puede ser de gestión, es decir, aquel que mide el grado de consecución de los objetivos; y de operaciones, el que mide la eficacia de los procesos productivos.

Según Henry Fayol, teórico de la Administración de empresas:

El control consiste en verificar si todo marcha de acuerdo con el plan adoptado, las instrucciones dadas y los principios establecidos.

6. Resumen

La planificación surge como una herramienta útil en la toma de decisiones, en donde, seleccionando, los objetivos, los programas, los presupuestos y las directrices del hotel, se diseñará el plan idóneo para conseguir los fines que se han establecido.

Existen diferentes **tipos de planes:**

1. Según el período de tiempo en que se esperan conseguir los objetivos: a largo, medio y corto plazo.
2. Según si se formulan para toda la organización o no: estratégicos y operacionales.
3. Según el grado de concreción de sus objetivos: direccionales y específicos.
4. Según su naturaleza: plan de producción, de inversiones, de financiación, de aprovisionamiento, de *marketing,* de RR. HH., etc.

Pero todos ellos contendrán políticas, estrategias, objetivos, procedimientos, métodos, normas y programas.

El proceso de planificación seguirá los siguientes pasos:

1. Determinación de objetivos.
2. Establecimiento de las políticas y estrategias.
3. Determinación de cómo vamos a alcanzarlo.
4. Determinación de los presupuestos y recursos necesarios.

5. Establecimiento de medidas de identificación y corrección de desviaciones.

Todo proceso de planificación, para el éxito de las acciones que se emprendan, debe ir acompañado de un **proceso de control,** que medirá el grado de cumplimiento de los objetivos marcados y que podrá ser, según lo que se mida y evalúe, presupuestario o no presupuestario.

Ejercicios de repaso y autoevaluación

1. **De las siguientes frases, indique cuál es verdadera o falsa.**

   a. La planificación implica aumentar la incertidumbre.

      ☐ Verdadero
      ☐ Falso

   b. La planificación debe basarse tanto en las previsiones de su medio interno como externo.

      ☐ Verdadero
      ☐ Falso

   c. Vender con descuento es una estrategia.

      ☐ Verdadero
      ☐ Falso

   d. No contratar a personal casado es una norma.

      ☐ Verdadero
      ☐ Falso

   e. Toda planificación solo debe responder a dónde queremos llegar.

      ☐ Verdadero
      ☐ Falso

2. **Complete las siguientes oraciones.**

   a. La planificación, supone adelantarse y prever _____, como medio de toma de decisiones, seleccionando, entre una serie de alternativas _____, los programas, los presupuestos y directrices del hotel, diseñando _____ idóneo para conseguir _____ que se han establecido.

b. Los objetivos son el aspecto _____ o concreto de los planes, es decir, cómo la empresa pretende alcanzar lo propuesto. Por lo tanto, deben presentarse de forma _____.

c. Uno de los pasos del proceso de control es detectar las posibles _____ producidas y analizar los _____ que la han originado. Y poner, en caso de que fuera necesario, en marcha las acciones _____.

3. **¿Qué tipos de planes existen si se formulan para toda la organización o no? Descríbalos brevemente.**

    _____

    _____

    _____

    _____

4. **Enumere brevemente las fases del proceso de planificación.**

    _____

    _____

    _____

    _____

5. **Relacione los siguientes elementos.**

    a. Vender sin descuentos.
    b. Prohibido fumar.
    c. Aumento de las ventas.
    d. Tramitación de pedidos.
    e. Penetrar en el mercado con precios altos.

    __ Objetivo.
    __ Política.
    __ Estrategia.
    __ Procedimiento.
    __ Norma.

Capítulo 2

Gestión y control presupuestario en las áreas de alojamiento

Contenido

1. Introducción

No es novedad que las empresas practiquen un control administrativo, si bien las técnicas empleadas evolucionan constantemente.

Además, en las actuales tendencias de administración, prevalece un control menos restrictivo, ya que en el caso contrario se puede ocasionar un impacto negativo en la motivación del personal. Por ello, es importante que la dirección dote al personal de capacidad de autocontrol, de autonomía y de responsabilidad y que intente que fluya la información a todos los niveles.

Otro aspecto importante es que la dirección de las empresas disponga del mayor número de herramientas para realizar la planificación con el objeto de que los distintos planes tengan las mínimas desviaciones.

Así, en la empresa, una vez que hemos analizado exhaustivamente el entorno, definido los fines de la organización y marcado los objetivos a alcanzar, en primer lugar, planificaremos, posteriormente reflejaremos numéricamente (de forma monetaria o no) los presupuestos y, por último, controlaremos para volver de nuevo a planificar.

2. La gestión presupuestaria en función de sus etapas fundamentales: previsión, presupuesto y control

La **gestión presupuestaria** se define como la actividad de la dirección de una empresa o administración dedicada a determinar en volumen y en valor las previsiones de actividad de la organización en el plazo que suele ser de un año, es decir, todo lo que pensamos que puede suceder en el ejercicio venidero; y posteriormente a seguirlas a medida que los resultados del ejercicio se

Control administrativo

Entorno

↓

Fines de la   → Objetivos → Planificación
organización

↑   ↓

Control •———————————————— **PRESUPUESTOS**

van produciendo, mediante una permanente comparación entre previsiones y realizaciones.

Sus **objetivos** son:

- Prever, mediante los presupuestos, los planes y los programas, lo que se cree que sucederá en el ejercicio venidero.
- Predecir los acontecimientos a través de información de ejercicios pasados.
- Exponer detallada y numéricamente los objetivos empresariales.
- Marcar estándares para medir su realidad y eficacia empresarial.
- Mejorar la coordinación interdepartamental, ya que toda actividad hotelera debe estar muy relacionada entre sí.
- Enseñar al equipo humano a trabajar en común y en busca del resultado final que se ha marcado.
- Dar un uso racional a los recursos.

La información de ejercicios pasados es útil.

La gestión presupuestaria significa prever:

- Cuánto dinero se va a gastar.
- Cuánto dinero se va a ingresar.
- Qué beneficios se van a obtener.
- Cuántas personas se van a necesitar.
- Cuál será el coste de personal.
- Qué elementos de inversión se necesita.
- Qué cantidad de efectivo se debe tener en cada momento.

Y transcurre en las siguientes etapas:

1. Previsión
2. Presupuestos
3. Control

La **previsión** supone expresar o acopiar en un documento todas y cada una de las cuestiones que se tienen que tener previstas antes de iniciar la actividad, de forma que nada quede al azar, asegurándonos unas posibilidades de éxito mayores.

Significa reflexionar sobre:

- Inversiones necesarias. Componentes materiales y humanos necesarios para llevar a cabo la actividad empresarial.
- Capacidad financiera. Fuentes económicas con las que se cuenta para financiar el plan de inversiones.
- Previsión de ventas. Se establece a partir de los datos del mercado y del precio del producto.
- Previsión de gastos a partir de la previsión de ventas.
- Previsión de fondos líquidos que se van a requerir en la actividad de explotación.

En el **presupuesto,** al inicio de cada ejercicio económico, las empresas, siguiendo los objetivos establecidos, elaboran un plan que contiene el conjunto de los ingresos y gastos empresariales previstos para ese período, así como las necesidades de inversión y financiación y, por último, en base a todo lo anterior, el presupuesto de tesorería. El presupuesto es el documento contable que incluye dicho plan.

A partir de los datos que ofrecen los distintos presupuestos, se elaboran el balance previsional y la cuenta de pérdidas y ganancias previsional, que dan a conocer una situación teórica de la empresa en un futuro inmediato.

El **control,** es decir, la fase en la que los registros y anotaciones que se han ido realizando se comparan, da a conocer las desviaciones que se han producido en los distintos parámetros del análisis.

 Importante

Para que la gestión presupuestaria tenga éxito, es muy importante que cada responsable, a todos los niveles, esté convencido de que con los medios que tiene a su disposición, en los plazos marcados y sin sobrepasar los costes presupuestados, es posible alcanzar los objetivos propuestos.

3. Concepto y propósito de los presupuestos. Justificación

La principal función de la dirección de la empresa es la función de planificación, que desarrolla mediante la elaboración de los diferentes planes (plan de producción, plan de inversiones, plan de financiación, etc.).

El presupuesto es, por lo tanto, el resultado de los diferentes planes que elabora la empresa.

Y a través del mismo, la dirección de la empresa contará con un informe detallado que preverá datos como qué capital se gastará, cuáles serán los costes e ingresos, o cuáles serán los recursos humanos que se necesitarán.

3.1. Concepto de presupuesto

Los presupuestos son la representación en términos numéricos de los planes para un establecido período de tiempo. O dicho de otro modo, es un plan numérico para asignar recursos a actividades específicas. Son, por lo tanto, las previsiones de resultados que se esperan lograr reflejados en términos financieros o monetarios o en términos no financieros, según hagan referencia a cuestiones de ingresos, gastos, capital, o a cuestiones de horas de mano de obra, materias primas, número de clientes, etc.

El presupuesto puede estar expresado en términos monetarios.

A través de los diversos presupuestos que debe confeccionar la empresa, la dirección obtiene un informe anticipado, que le sirve para confiar autoridad y a la vez responsabilidad a niveles inferiores del organigrama, además de ser un excelente sistema de control de cada una de esas unidades.

El presupuesto es una herramienta básica de planificación a corto y medio plazo, pues suele estar referido a un plazo de tiempo establecido, normalmente un año.

Además, es una herramienta clave de política económica, pues es el punto de partida de todas las decisiones que toma la dirección de la empresa. Permite fijar prioridades y evaluar el logro de sus objetivos.

Es un eficaz instrumento de control para la dirección de la empresa y una herramienta de estudio, pues a través del examen de desviaciones se aprende de los errores y aciertos pasados.

En la elaboración de los presupuestos de hostelería siempre es aconsejable ir partiendo, para su realización, de una composición de departamento por departamento, ya que de esta forma, al ser diversos tipos de servicio, será más fácil su exactitud y no se incurrirá en un enjuiciamiento global. Recordemos que dentro de un mismo establecimiento tenemos arrendamientos (salones, habitaciones), venta de productos a los que hemos añadido solo la mano de obra (por ejemplo, las bebidas) y venta de artículos que han pasado por un proceso de elaboración y transformación (por ejemplo, las comidas).

Una forma muy cómoda de presentación y seguimiento de los presupuestos para un año sería confeccionar un listado mensual de las previsiones, donde por columnas se tendrían las diferentes cuentas y los diferentes meses.

La siguiente tabla presenta un ejemplo de sistema de presentación de presupuesto:

Nombre de cuenta	Enero	Febrero	Marzo	....	Diciembre	Total
Personal						
Suministros						
Consumos						
Etc.						

3.2. Propósito de los presupuestos. Justificación

Los presupuestos pretenden y tienen su razón de ser en los siguientes aspectos:

a. **Descentralización de autoridad:** la planificación se basa en elaborar presupuestos detallados para cada sección o departamento.

b. **Definición de responsabilidades:** cada sección, departamento o persona individual debe responsabilizarse del cumplimiento del presupuesto o la parte del mismo que le corresponda, que debe ser flexible para que los responsables puedan establecer formas y medios de lograrlos.

c. **Motivación del personal:** todo el personal ha de participar para su logro, por el placer de su cumplimiento, por la gratificación monetaria o en forma de incentivos que se pueda implantar, y como medio para realizar carrera profesional.

d. **Analizar desviaciones por parte de la dirección:** comparar la realidad alcanzada con la presupuestada y estudiar sus diferencias si las hubiere.

4. Definición de ciclo presupuestario

El **ciclo presupuestario** es el conjunto de operaciones o procesos o etapas específicas que se desarrollan en la elaboración de los presupuestos, siguiendo un orden determinado, y que tienen un carácter continuo.

Las etapas o fases que este incluye son las siguientes:

1. **Fase de elaboración.** Es responsabilidad de las diferentes áreas o departamentos de los establecimientos hoteleros, la confección de sus presupuestos según las normas y directrices establecidas por la dirección. Los presupuestos se suelen elaborar para un período equivalente a un ejercicio contable (año económico) y se presentan antes de comenzar con este.

2. **Fase de aprobación.** Debe ser la dirección de la empresa la que apruebe los presupuestos presentados por los diferentes departamentos.

3. **Fase de ejecución.** Las diferentes áreas o departamentos deberán cumplir y aplicar todos los propósitos y previsiones.

4. **Fase de control.** Durante el desarrollo del presupuesto, deben ser aplicados por la dirección dispositivos de control a través de los cuales se verifica si se está cumpliendo lo establecido. Estos dispositivos de control deben ser acometidos tanto por la dirección como por los responsables de cada área o departamento.
   En ella se trata de examinar y cotejar de forma sistemática lo que se ha previsto y lo que realmente ha acaecido.

 **Nota**

La empresa podrá lograr con mayor garantía sus objetivos si de forma continua se observa su grado de cumplimiento, tomando medidas correctivas cuando se dan desviaciones.

4.1. Análisis de las desviaciones

Se entiende por desviación la diferencia entre lo acontecido y lo previsto, y puede ser positiva o negativa. Es negativa cuando lo previsto es menor que lo real y positiva, cuando lo previsto es mayor que lo real. No obstante, el signo de la desviación no es indicativo de ser bueno o malo para la empresa en sí mismo.

 Ejemplo

Si tenemos previstas unas ventas de un millón de euros y hemos alcanzado un millón cien mil euros, hemos ingresado mayor cantidad de dinero, pero seguramente, al no prever con precisión, nuestra plantilla puede haber estado escasa con la consiguiente mala atención, o no habremos realizado las oportunas inversiones en equipamiento, etc.

Ante cualquier desviación se deben tener los reflejos e instrumentos necesarios para responder y realizar las oportunas correcciones.

El intervalo entre dos observaciones no debe ser tan largo que no permita tomar a tiempo las oportunas medidas correctoras, ni tan corto que el sistema atienda a desviaciones no significativas y resulte innecesariamente costoso.

Además, demasiada información puede tener un efecto desmotivador, por lo que se deben incorporar solo las desviaciones que se consideren relevantes.

Lo importante de las desviaciones es el análisis de sus causas. Se debe preguntar el porqué de esta desviación y a costa de qué factores.

Calculamos al menos tres tipos de desviaciones:

a. **Desviaciones de ventas.**

> Ingresos previstos-Ingresos reales = +- Desviaciones en ventas

■ **En cantidad:** vender cantidades diferentes a las previstas.

> $(Qp-Qr) \times Pp$

■ **En precio:** vender a precios diferentes de los previstos.

> $(Pp-Pr) \times Qr$

b. **Desviaciones en coste de ventas.**

> Gastos previstos-Gastos reales = +- Desviaciones en costes de ventas

■ **En cantidad:** cuando se utilizan más o menos costes de ventas (materias primas).

> $(Qp-Qr) \times Pp$

■ **En precio:** cuando se compran materias primas a un precio diferente al previsto.

$$(Pp-Pr) \times Qr$$

c. **Desviaciones en otros costes.**

$$\text{Gastos reales - Gastos previstos}$$

5. Diferenciación y elaboración de tipos de presupuestos más característicos para las áreas de alojamiento

Las empresas y las áreas de alojamiento suelen elaborar los siguientes presupuestos:

a. **Presupuesto de capital:** es decir, aquel que reúne todo lo referente a operaciones a largo plazo. Son presupuestos de capital:

    a. El presupuesto de inversiones.
    b. El presupuesto de financiación.

b. **Presupuesto de explotación:** en el que se incluyen las operaciones a corto plazo. Son presupuestos de explotación:

    a. Presupuesto de ingresos.
    b. Presupuesto de gastos.
    c. Presupuesto de tesorería.
    d. Presupuesto de mano de obra, tiempo, material, etc.

A continuación explicaremos cada uno de estos presupuestos de forma detallada.

5.1. Presupuesto de capital

Se refiere a los gastos de capital en maquinaria, equipamiento, instalaciones, etc., siendo unos a corto plazo y otros a largo plazo; pero todos ellos suponen incluir inversiones en la empresa que no se pueden cambiar cada día y, por tanto, gastar fondos de la empresa, por lo que requieren de un tratamiento siempre muy meticuloso.

Para ello, se debe armonizar, por un lado, las inversiones y las necesidades financieras a largo plazo, para el mantenimiento y la expansión de la empresa, y por otro, los capitales permanentes que nos aseguran la financiación a largo plazo. Es decir, se ha de tener en cuenta:

- La inversión en sí.
- La financiación.
- El riesgo.
- La evolución de los beneficios futuros.

Y se realizará siguiendo tres pasos:

1. **Estudio de en qué invertir:** a través de estudios de la demanda y de la oferta (estudio de necesidades).
2. **Presupuesto de inversiones:** en él se determinan los proyectos de inversión, que pueden ser:

    - **De expansión:** para aumentar la capacidad productiva.
    - **De renovación:** para mantener la capacidad productiva.
    - **De modernización:** para mejorar la capacidad productiva.

3. **Presupuesto de necesidades de financiación:** donde se recogen las necesidades financieras para ejecutar los presupuestos, es decir, la capacidad que tiene la empresa tanto de captar como generar recursos externos e internos (autofinanciación), e igualmente, la cuantificación de los mismos.

Es importante saber en qué se va a invertir.

 Ejemplo

La dirección de un hotel decide realizar una inversión en detectores de presencia para el encendido de luces en los pasillos para disminuir el consumo en electricidad, mejorar la imagen, etc. En este caso, se deberá determinar la inversión temporalizándola y, posteriormente, estudiar si se tiene autocapacidad de financiación o si se precisa de financiación externa, determinando igualmente, su cuantificación en los mismos períodos.

5.2. Presupuesto de explotación

Presupuesto de ingresos o presupuesto de ventas

Es el presupuesto esencial dentro de la empresa, en el que se apoyan los otros, ya que del volumen de ventas de productos o servicios esperados calculamos los gastos en que se incidirán, y por lo tanto, el margen de otras operaciones, la necesidad de tesorería y de inversiones.

Básicamente prevé los ingresos mediante la evaluación de la **cantidad** de venta de los distintos productos o servicios, y el **precio** de venta de cada uno de ellos. Con estos, se calcula el total de ingresos expresados en unidades monetarias.

Dentro de las empresas de alojamiento se tienen en cuenta los siguientes factores:

- Número de reservas confirmadas.
- Cantidad de plazas disponibles en el hotel.
- Períodos de actividad y temporadas (alta, baja y media).
- Total de pernoctaciones.
- Ratios de ocupación.

Para determinar la **cantidad,** se hace lo siguiente:

- Se desglosan uno a uno los productos y servicios que ofrece la empresa. En hoteles: habitaciones dobles, individuales, desayunos, uso de *parking,* etc., y a su vez cada uno de ellos se segmenta por tipología de clientes (empresas, particulares, agencias, grupos, etc.). El motivo de este minucioso desglose es que los precios, comisiones, márgenes, etc., de cada producto y servicio son diferentes.
- Se tienen como referencia los datos históricos de años anteriores, ya que estos sirven como punto de referencia para determinar las cantidades que se espera vender.
- Se tiene en cuenta el volumen máximo de ventas. Es decir, en el caso de un hotel de 300 habitaciones, lo máximo que pueden vender diariamente son 300 habitaciones.
- Se estudia el entorno: mercados competitivos, tendencias, comportamientos sociales, situación política y económica del país, etc.
- Se analiza el nivel de satisfacción. El estudio de las expectativas y satisfacciones de los huéspedes del alojamiento llevan a la determinación del grado de fidelidad. Además, ayuda a conocer los puntos fuertes y débiles de la empresa.

Importante

Para determinar los precios, lo más idóneo es establecerlos con el objetivo de poder obtener un beneficio suficiente que rentabilice la inversión.

El precio mínimo de un producto viene determinado por los costes de producción y su precio máximo lo fijan los compradores. Por lo tanto, el precio debe estar en una posición intermedia entre los dos extremos.

Los precios se establecen partiendo de tres criterios:

■ Económicos
■ El cliente
■ El mercado

Los precios se pueden fijar a través de varios métodos.

Métodos de fijación de precios

Basados en los costes

Previamente será necesario definir y fijar los costes empresariales, absolutos y unitarios, es decir, totales y por cada producto o servicio. Y para ello se debe:

1. Determinar la cantidad de productos que se desea vender (Q).
2. Determinar los gastos en términos absolutos y unitarios, mediante las siguientes fórmulas:

$$CFu = CF \text{ totales}/Q$$

$$CV \text{ totales} = CVu \times Q$$

Donde:
CF: costes fijos
u: unitarios
CV: costes variables

3. Determinar el beneficio que se desea obtener de la siguiente manera:

a. Por cada producto:

$$CFu + CVu + B^{o}u$$

b. Total:

$$CF + CV + B^{o}$$

4. Determinar los ingresos mediante la siguiente fórmula:

$$P \times Q$$

Donde:

P: el precio

Q: la cantidad vendida

5. Determinar la cantidad mínima que se tendrá que vender para no caer en pérdidas; esto se hace mediante la siguiente fórmula:

$$q = CF/(p - Cvu)$$

Donde:

q: la cantidad mínima

p: el precio de venta

Una vez que la empresa ha considerado los costes totales podrá determinar los tipos de precios que pueden servirle de punto referencia en la fijación del precio al producto o servicio. Estos tipos de precios son:

∎ **Precio objetivo o base:** cubre los costes totales y ofrece beneficio. A partir de esa cifra, el precio será tan alto como el mercado nos lo permita, es decir, que no perdamos clientes.

$$Precio\ Base = CT + B^o$$

Donde:

CT: los costes totales

B^o: el beneficio

 Importante

Es importante que las empresas determinen o conozcan su punto de equilibrio o umbral de rentabilidad (que es el punto en el que los ingresos de una empresa igualan a los costes totales), ya que si no vende por encima de él tendrá pérdidas y en la medida que venda por encima de él tendrá beneficio.

■ **Precio técnico o mínimo:** no ofrece beneficio. Su cálculo se determina hallando el punto muerto. El punto muerto, punto de equilibrio o umbral de rentabilidad, es aquella cifra de ventas en la que la empresa cubre únicamente todos sus gastos.

$$I = CT$$

Donde:
I: los ingresos
CT: los costes totales

■ **Precio de contribución al beneficio:** consiste en vender a precios por debajo de aquel que nos da un beneficio, es decir, que únicamente cubra la totalidad de los costes. Solo es recomendable su aplicación en momentos de introducción de productos en el mercado (precio de lanzamiento) o cuando se aplica una estrategia de *dumping* (que consiste en desplazar a la competencia mediante la comercialización de productos o servicios a precios más bajos de su costo de producción).

Aplicación práctica

Supongamos un hotel de 200 habitaciones con una previsión de ocupación del 70 %, unos costes totales para dicha ocupación de 3,6 millones de euros, y un valor del hotel de 7,2 millones de euros. Los propietarios esperan obtener un beneficio del 15 %, es decir, de 1,08 millones de euros.

Calcule el precio medio que cubre los costes totales con una ocupación del 70 % y obteniendo un beneficio de 1,08 millones de euros.

SOLUCIÓN

> Ingresos totales = Costes totales + Beneficio

- It = 3,6 + 1,08 = 4,68 millones €
- It = Cantidad Ventas x Precio Unitario
- Cantidad Ventas = 200 x 70 % x 365 días = 51.100 habitaciones
- Precio unitario = Ingresos totales/Cantidad Ventas
- Pu = 4.680.000/51.100 = 91,58 €

El precio medio de la habitación debe ser como mínimo de 91,58 € para cubrir el total de los costes y obtener un beneficio de 1,08 millones de euros.

Basados en la demanda (el cliente)

Es el criterio más subjetivo, ya que los precios se fijan considerando la psicología del consumidor (precios psicológicos) y teniendo en cuenta la elasticidad de la demanda, que es la capacidad de respuesta del cliente antes los cambios de precio, es decir, si subimos un precio se compran menos unidades y al bajar el precio, se demandan más. Pero hoy en día, la situación es más compleja y no se puede afirmar que la demanda de productos turísticos se basa únicamente en el precio, ya que en esta influyen muchos factores más.

Lee Kreul (1982), en su teoría de *Magic Numbers,* que estudia los aspectos psicológicos a la hora de establecer los precios, afirma que:

La primera cifra de la izquierda es la que domina en la decisión.

La cifra final de 0 es la más popular, seguida del 5 y el 9. El 5 da sensación de oferta y el 9 de liquidación, baja calidad.

Se deben emplear números que den la impresión de bajo precio más que de alto.

Cuando nuestros clientes son extranjeros hay que procurar que la conversión a su moneda sea aproximada a valores enteros.

Cuando tengamos un listado de precios, las distancias entre el mayor y el menor hay que procurar minimizarlas.

Basados en la competencia (el mercado)

Fijamos los precios en función de lo que hace la competencia (pero sin llegar a fijar precios por debajo de coste).

La empresa líder es la que suele fijar el precio en todo el sector y todas las empresas la seguirán, a no ser que alguna/s tengan una ventaja o desventaja competitiva.

Este podrá ser superior, igual o inferior, comparado con la calidad o servicios prestados. Así, un precio superior solo es recomendable si se ofrece una calidad superior.

El yield y el revenue management

Aunque ambos conceptos comparten ciertas similitudes, se trata de dos estrategias distintas que pueden utilizarse de manera diferente. De hecho, en ocasiones se considera que el *yield management* es un componente separado dentro del *revenue management*.

Yield management (gestión de beneficio) trata de maximizar las ventas en cada momento, aplicando un precio diferente en función de la demanda;

se centra únicamente en la venta de inventario fijo y limitado en el tiempo, como las habitaciones de un hotel.

Y se hace:

1. Aumentando el número de ventas (sacrificando en ocasiones el precio) cuando la oferta es mayor que la demanda.
2. Subiendo el precio medio de venta cuando la demanda es mayor que la oferta.

Para ello, tiene en cuenta todas las variables y circunstancias del mercado como: políticas de precios, niveles de ocupación, calidad producto/ servicio, inversiones en formación, etc.

Y se calcula con la siguiente fórmula:

Yield = Ratio de ventas x Ratio promedio de precio de venta

Donde:

Ratio de Ventas = Cantidad unidades vendidas/cantidad máxima posible

Y donde:

Ratio Promedio de Ventas = Precio medio venta/precio medio potencial

Por otro lado, *revenue management* (gestión de ingreso), consiste en predecir el comportamiento de los clientes, para optimizar los precios, la disponibilidad de los productos y la distribución, maximizando así los ingresos. Depende en gran medida en la recopilación de datos y el uso de herramientas analíticas para identificar patrones y predecir la demanda. Tiene en cuenta la diferenciación de precios para maximizar los ingresos procedentes de las habitaciones del hotel, pero también tiene en cuenta los ingresos generados por otros servicios, como las ventas del restaurante, las ventas del bar, el servicio de habitaciones y las reservas del spa.

Presupuesto de gastos

Consiste en determinar con precisión los costes en que incurrirá la empresa de forma general, o cada departamento o cada producto/servicio de forma particular.

Los costes pueden ser:

- **Costes fijos:** en los que incurre la empresa independientemente de cual sea su cifra de ventas. Los gastos fijos más frecuentes y habituales de los hoteles (empresa de alojamiento) son:

  - Gastos de personal (sueldos, seguridad social, uniformes, manutención, etc.).
  - Mantenimiento y reparación.
  - Publicidad, propaganda y RR. PP.
  - Prima de seguros (responsabilidad civil, bienes, equipos de huéspedes, etc.).
  - Alquileres (local, maquinaria, equipos, transporte, etc.).
  - Servicios de profesionales independientes (servicios de jardinería, decoración, seguridad, etc.).
  - Amortización (es la reducción del valor de un activo a lo largo de su vida útil, reflejando su desgaste u obsolescencia, como por ejemplo muebles o maquinaria).

- **Costes variables:** son los que están directamente relacionados con la cantidad o volumen de producción. Los más habituales son:

▪ Materias primas

▪ Suministros (agua, gas, electricidad, teléfono, etc.)

▪ Comisiones

▪ Material de oficina, etc.

■ **Costes semifijos o semivariables:** tienen una parte fija y otra variable.

 Definición

Coste
Cantidad que se emplea o consume para producir un servicio o producto.

 Ejemplo

El consumo de electricidad de un establecimiento de alojamiento tiene un consumo fijo como consecuencia de la iluminación de *halls,* escaleras, oficinas, etc., y otro variable que depende del volumen de ocupación y otros acontecimientos extraordinarios (banquetes y otras celebraciones).

Presupuesto de tesorería de caja o liquidez

Su objetivo es conocer en todo momento la cantidad de dinero disponible, es decir, mantener constantemente una equilibrada y adecuada liquidez que nos permita hacer frente a todas las obligaciones de pago a corto plazo y, a su vez, no tener excedente de tesorería (caja/banco), ya que los excedentes en tesorería se consideran recursos innecesarios e infructuosos porque ofrecen rentabilidad cero o nula.

Es el más dinámico, por lo que hay que hacerlo prácticamente a diario.

Y debe tener en cuenta para su cálculo:

1. Cobros:

   ▮ Facturación o venta del ejercicio.
   ▮ Cobros al contado.
   ▮ Cobros a 30, 60, 90 días.
   ▮ Descuentos.
   ▮ Ingresos atípicos o ajenos a la explotación, etc.

2. Pagos:

   ▮ De explotación: compras, sueldos y salarios, transporte, impuestos, etc.
   ▮ Inversiones.
   ▮ Servicio financiero de créditos: reembolso de créditos, intereses.
   ▮ Servicio de capitales: distribución de dividendos, etc.

Presupuesto de mano de obra, mantenimiento, tiempo y material

Estos presupuestos tienen una gran importancia durante la planificación y han de ser lo más precisos posible, ya que es de suma importancia en este tipo de empresas; y además lo son para observar el grado de cumplimiento de los objetivos propuestos.

Cuanto más elevado sea el volumen de ventas más elevado será el coste de mano de obra y, por lo tanto, este presupuesto.

Intervienen en él:

   ■ El volumen de ventas.
   ■ El personal por departamento en número y categoría.
   ■ Salario por categoría.
   ■ Mano de obra temporal y extra.
   ■ Seguridad social.
   ■ Comida, uniformes, comisiones, etc.

No se expresan en términos monetarios, se expresan en cantidades. Entre las más usuales se encuentran las siguientes:

- Horas de mano de obra: en el que se considera a la plantilla actual por departamentos o secciones.
- Horas/máquinas: es muy utilizado por aquellos departamentos que subcontratan algunos o todos los servicios que prestan, como por ejemplo los departamentos de lavandería de algunos hoteles.
- Unidades de material: es muy tenido en cuenta en las empresas hoteleras, ya que su control es crucial en la gestión y supervivencia.
- Mantenimiento: tiene en cuenta el desgaste, las reposiciones, los servicios exteriores, etc.

5.3. El *Uniform System of Accounts for the Lodging Industry* (USALI)

Es uno de los principales sistemas de control de gestión utilizados por las cadenas hoteleras. Fue creado para proporcionar a las cadenas hoteleras directrices contables, administrativas y financieras.

USALI es un modelo de presentación de los resultados de explotación que proporciona una visión general de los resultados operativos divididos por centros de responsabilidad. Gracias a esta herramienta es posible verificar el rendimiento obtenido por los distintos departamentos con respecto a los resultados obtenidos por el mercado. Por lo tanto, los hoteles pueden ver de inmediato qué estrategias de mejora adoptar para mejorar la eficiencia.

 Sabía que...

Su uso está muy extendido por todo el mundo, pero se utiliza principalmente en América del Norte y específicamente en Estados Unidos, donde fue desarrollado en 1926.

Se calcula de la siguiente manera:

- A cada departamento, producto o servicio que hayamos establecido, en primer lugar se le imputan los costes directos, pudiendo así obtener el **beneficio bruto sobre las ventas (GOI).**
- En segundo lugar, se imputan los costes generales en que ha incurrido la empresa con los que se obtiene el **beneficio bruto operacional (GOP).**
- Y por último, se imputan los costes fijos, de cuya diferencia se obtiene el **beneficio neto operacional (NOP).**

 Nota

I GOP: *Gross Operating Profit*
I GOI: *Gross Operating Income*
I NOP: *Net Operating Profit*

---

6. Resumen

La gestión presupuestaria se define como la actividad de la dirección de una empresa o administración dedicada a determinar en volumen y en valor las previsiones de actividad de la organización en el plazo de un año. Y transcurre en las etapas de previsión, presupuestos y control.

Los presupuestos son las previsiones de resultados que se esperan lograr reflejados en términos financieros o monetarios o en términos no financieros.

Estos tienen su razón de ser en:

a. La descentralización de autoridad.
b. La definición de responsabilidades.
c. La motivación del personal.
d. El analizar desviaciones por parte de la dirección.

El ciclo presupuestario es el conjunto de operaciones o procesos o etapas específicas que se desarrollan en la elaboración de los presupuestos, siguiendo un orden determinado, y que tienen un carácter continuo, y las etapas o fases que lo incluye son: fase de elaboración, fase de aprobación, fase de ejecución y fase de control.

Las empresas y las áreas de alojamiento suelen elaborar los siguientes tipos de presupuestos:

a. Presupuesto de capital: es decir, aquel que reúne todo lo referente a operaciones a largo plazo. Son presupuestos de capital:

    a. El presupuesto de inversiones.
    b. El presupuesto de financiación.

b. Presupuesto de explotación: en el que se incluyen las operaciones a corto plazo. Son presupuestos de explotación:

    a. Presupuesto de ingresos.
    b. Presupuesto de gastos.
    c. Presupuesto de tesorería.
    d. Presupuesto de mano de obra, tiempo, material, etc.

Ejercicios de repaso y autoevaluación

1. **De las siguientes frases, indique cuál es verdadera o falsa.**

   a. En la empresas, en primer lugar, se presupuesta, luego se planifica y por último se controla.

      ☐ Verdadero
      ☐ Falso

   b. Las etapas de la gestión presupuestaria son: previsión, presupuestos y control.

      ☐ Verdadero
      ☐ Falso

   c. El presupuesto es la etapa donde se comparan los registros y anotaciones que se han ido realizando.

      ☐ Verdadero
      ☐ Falso

2. **Señale la opción correcta.**

   a. Son objetivos de la gestión presupuestaria prever lo que se cree que sucederá en el ejercicio venidero.
   b. Son objetivos de la gestión presupuestaria mejorar la coordinación inter-departamental.
   c. Son objetivos de la gestión presupuestaria dar un mayor uso de los recursos.

3. **Seleccione la opción correcta.**

   a. Los dispositivos de control deben aplicarse antes del desarrollo del pre-supuesto.
   b. Los dispositivos de control deben aplicarse durante el desarrollo del pre-supuesto.
   c. Los dispositivos de control deben aplicarse al finalizar el desarrollo del presupuesto.

4. **Relacione los siguientes elementos.**

    a. Costes totales más beneficio.
    b. Ingresos igual a costes totales.
    c. Precio que no cubre los costes.

    __ Precio de contribución al beneficio.
    __ Precio mínimo.
    __ Precio base.

5. **Complete las siguientes oraciones:**

    a. La gestión presupuestaria se define como la actividad de la _____ de una empresa o administración dedicada a determinar en volumen y _____ las previsiones de actividad de la organización en el plazo de _____.

    b. A través de los diversos _____ que debe confeccionar la empresa, la dirección obtiene un informe _____, que le sirven para confiar autoridad y a la vez responsabilidad a niveles inferiores del organigrama, además de ser un excelente _____ de cada una de esas unidades.

    c. El intervalo entre dos _____ no debe ser tan largo que no permita tomar a tiempo las oportunas _____, ni tan corto que el sistema atienda a desviaciones _____ y resulte innecesariamente costoso.

6. **¿Qué objetivos persigue la gestión presupuestaria?**

7. **Enumere y describa brevemente las fases del ciclo presupuestario.**

8. ¿Cuáles son los principales presupuestos de explotación?

_____

_____

_____

_____

9. Un hotel de 100 habitaciones tiene la siguiente situación:

   Costes fijos diarios = 3.000 €
   Costes variables = 30 % de los ingresos
   Porcentaje de ocupación previsto = 80 %

   Calcule el precio mínimo o punto muerto.

10. Un hotel dispone de 150 habitaciones, distribuidas en 120 dobles, 20 individuales y 10 dobles con salón y con unos precios de 100 €, 90 € y 150 €. Calcule el _Yield Management_ sabiendo que hemos tenido una ocupación del 80 % y una facturación de 10.650 €.

_____

_____

_____

_____

Capítulo 3
Estructura financiera de las empresas y áreas de alojamiento

Contenido

1. Introducción

La función empresarial cuyo objetivo es la adquisición de los recursos financieros necesarios para el desarrollo de la actividad de la empresa se denomina financiación.

Toda empresa precisa conocer cuáles son sus necesidades de financiación, las inversiones que tiene que realizar o a qué va a destinar los recursos y, en función de estos y otros factores, determinará dónde va a buscar esa financiación, es decir, de qué fuentes de financiación va a servirse para conseguir los fondos necesarios, y que le sea más rentable.

Las decisiones que se tomen sobre en qué invertir entre las diferentes alternativas posibles, buscando la que le permita obtener un beneficio mayor y la que le permita afrontar la inversión los primeros años, antes de empezar a obtener beneficios, es una de las cuestiones más importantes a abordar en el mundo empresarial, y será crucial para los resultados e, incluso, para la supervivencia de la empresa.

Y aquellas decisiones que se tomen sobre financiación e inversiones deben tener en cuenta la siguiente regla básica: "La rentabilidad de las inversiones de una empresa debe ser mayor al interés pagado por las deudas contraídas para acometer tales inversiones".

2. Identificación y caracterización de fuentes de financiación

Antes de proceder a la elección de las fuentes de financiación, la empresa debe plantearse las siguientes cuestiones:

- Qué cantidad de recursos financieros precisa.
- Qué cantidad de fondos disponibles posee y qué puede generar sin necesidad de financiación.
- Las distintas alternativas de financiación.
- Los costes derivados de cada alternativa de financiación.
- Qué estructura financiera tendrá la empresa.

- Qué inversiones serán más beneficiosas.
- Qué consecuencias tendrá la fuente de financiación elegida en los costes, los precios y los resultados.

Una vez planteadas estas cuestiones, podemos elegir las fuentes de financiación, que se clasifican:

1. Según los sujetos que han aportado los recursos:

   - Fuentes de financiación propia. Son recursos no exigibles por terceros.
   - Fuentes de financiación ajenas. Son recursos aportados por personas ajenas a la empresa, y que suponen por lo tanto obligaciones de pago.

2. Según la procedencia de los recursos:

   - Fuentes internas. Son los recursos que han sido generados por la empresa y no distribuidos.
   - Fuentes externas. Los que proceden del exterior y han sido aportados por los propietarios o terceros.

3. Según un criterio temporal:

   - Financiación a largo plazo.
   - Financiación a corto plazo.

FINANCIACIÓN PROPIA		FINANCIACIÓN AJENA		OTRAS FORMAS ESPECIALES
Externa	Interna o autofinanciación	A largo plazo	A corto plazo	*Factoring* Subvenciones
Capital Subvenciones reintegrables	Reservas Remanentes Resultados del ejercicio anterior Amortización Provisiones	Préstamos bancarios a l/p Empréstitos *Leasing* *Renting*	Préstamos bancarios a c/p Créditos bancarios a c/p Crédito comercial *Confirming* Descuento de efectos Fondos espontáneos de financiación	Créditos turísticos Sociedades de garantía recíproca Sociedades de capital de riesgo

2.1. Recursos propios o fuentes de financiación propia

Son recursos que no tienen que ser devueltos por parte de la empresa en una fecha determinada y no tienen coste.

 Nota

Son los más estables de los que dispone la empresa, pero también los que tienen más riesgo, ya que en caso de quiebra los socios son los últimos en recibir la parte correspondiente de la liquidación de la empresa.

Ofrecen las siguientes ventajas:

1. Permite la autonomía financiera.
2. Es una fuente de financiación sin coste adicional.
3. Aumenta la capacidad de endeudamiento, ya que la empresa es más solvente.

Y están formados por:

- **El capital:** son las aportaciones de los socios en el momento de constituirse la sociedad y en las sucesivas ampliaciones de capital que se puedan producir.
- **Subvenciones no reintegrables:** son las entregas de fondos, efectuados principalmente por parte de las administraciones públicas, con el objeto de fomentar una determinada actividad o sector económico o determinada zona geográfica.
- **Las reservas, los remanentes y los resultados de ejercicios anteriores:** provienen de los beneficios obtenidos por la empresa y no distribuidos, y con los que la empresa puede hacer nuevas inversiones y, por lo tanto, favorecen el crecimiento (autofinanciación de enriquecimiento).

- **Las amortizaciones:** representan la pérdida de valor que sufren los elementos del inmovilizado a lo largo del proceso productivo por el propio uso que se hace de ellos o bien por quedar obsoletos técnica y funcionalmente (autofinanciación de mantenimiento).
- **Las provisiones:** son también un fondo proveniente de los resultados de la empresa, que se crea para hacer frente a futuras pérdidas posibles pero inciertas que aún no se han producido, o bien a futuros gastos que se han previsto (autofinanciación de mantenimiento).

2.2. Recursos financieros ajenos a medio y largo plazo

Son aquellos recursos que se deben devolver con los intereses correspondientes, transcurrido un período superior a la duración de un ejercicio económico, es decir, un año. Son, por lo tanto, recursos que van a permanecer en la empresa más de un año, lo que permitirá disponer de más tiempo para generar los recursos suficientes para su reintegro. Estos pueden ser:

- **Préstamos a medio y largo plazo:** son préstamos de las instituciones de crédito (bancos, cajas de ahorro, cooperativas de crédito, etc.) con vencimiento superior al año.
- **Empréstitos:** son préstamos a largo plazo divididos en partes proporcionales, de igual cuantía y condiciones, denominados obligaciones.
- **Ampliación de capital:** suponen la emisión de acciones que son colocadas por intermediarios financieros que también captan los inversores.
- *Leasing* **o arrendamiento financiero:** es un contrato de alquiler con opción a compra, que permite a la empresa hacer uso de un bien sin disponer de recursos financieros suficientes para su compra.
- *Renting:* es un contrato de alquiler sin opción a compra, que al finalizarse, ofrece a la empresa arrendataria la opción de sustituir los equipos o renovar el contrato. Es muy recomendable para aquellos bienes que pueden quedarse obsoletos rápidamente, como sucede con los equipos informáticos y los vehículos.

2.3. Recursos ajenos a corto plazo

Estos recursos se caracterizan principalmente porque atienden a las necesidades inmediatas de financiación y deben ser devueltos en un plazo inferior a 1 año. Los más utilizados por las empresas del sector turístico son:

- **Préstamos a corto plazo:** son recursos que la empresa pide a una entidad financiera para cubrir sus necesidades a corto plazo.
- **Créditos bancarios a corto plazo:** pueden ser de dos formas:

  - **El descubierto en cuenta (número rojos):** consiste en la utilización de un importe superior al saldo disponible de una cuenta corriente, de forma inmediata, sin tener que presentar garantías.
  - **La cuenta de crédito:** es un contrato con una entidad financiera que pone a disposición de la empresa una cuenta corriente con un límite. Esta se pide en los casos en que la empresa prevea la necesidad de recursos financieros pero no sepa con exactitud la cantidad que precisará.

- **El crédito comercial:** es la financiación automática que la empresa obtiene en el momento que deja a deber las compras que realiza a los proveedores o las prestaciones de servicios de algunos acreedores.
- *Confirming:* es un servicio que se contrata con una entidad financiera para adelantar el pago a los proveedores cuando estos los requieran y, para pagar las deudas con los proveedores en la fecha de pago establecida, en el caso de que en el momento de pago el empresario no disponga de dinero suficiente en su cuenta.
- **El descuento de efectos:** supone la cesión de las deudas de clientes, antes de su vencimiento, a una entidad financiera, que anticipará su importe en cuenta una vez deducidos los intereses y las comisiones.
- **Fondos espontáneos de financiación:** son aquellos recursos que no requieren una negociación previa, como las cantidades que la empresa debe a la Hacienda Pública o a la Seguridad Social o los salarios de los trabajadores.

2.4. Formas especiales de financiación

El *factoring*

Es la venta de todos los derechos de cobro sobre los clientes (facturas, letras) a una empresa (intermediario financiero) denominada factor, que proporciona a la empresa una liquidez inmediata.

Crédito turístico

Es un instrumento de política económica, regulado a través de órdenes ministeriales, que tiene como finalidad desarrollar la oferta turística a través de la financiación de inversiones en esta materia, y lo hace completando las mismas, no absorbiendo el total de la inversión.

Las ayudas y subvenciones públicas

Las administraciones públicas las conceden para estimular la economía, la inversión y la creación de empleo.

Se pueden clasificar en: dinerarias (se entrega una cantidad de dinero), reintegrables (cuando hay obligación de devolver la cantidad recibida), no reintegrables (cuando no hay obligación de devolverla), no dinerarias (cuando lo que se entrega no es dinero efectivo sino servicios) y mixtas (cuando se conceden dinero y servicios).

Además, según su procedencia, pueden ser estatales, autonómicas, locales o de la UE.

La sociedad de garantía recíproca

Son sociedades formadas por pymes y subvencionadas por las Administraciones públicas, que tiene como función principal prestar a las propias pymes las garantías que necesitan para que les sean concedidos créditos o préstamos.

La sociedad de capital de riesgo

Son sociedades dedicadas a invertir en empresas de pequeño tamaño pero que presentan un gran potencial.

Son una gran ventaja para las pequeñas y medianas empresas, ya que les supone acudir a los mercados financieros en similar posición a las grandes empresas, y para los inversores, que pueden obtener importantes ganancias y la revalorización de sus acciones.

Business angels o inversor particular

Son muy parecidas a las sociedades de capital de riesgo pero en el ámbito particular, es decir, suelen ser personas físicas que son o han sido empresarios, con grandes conocimientos del mundo empresarial y con gran capacidad de financiación, que invierten en el desarrollo de proyectos empresariales con gran potencial.

3. Relación óptima entre recursos propios y ajenos

La estructura financiera de la empresa está formada de la siguiente manera:

ACTIVO	PASIVO
Activo no corriente	Neto
Activo corriente	Pasivo no corriente (PNC)
	Pasivo corriente (PC)

El **activo** está compuesto por elementos necesarios para la producción o prestación de sus servicios y está formado por dos grandes masas patrimoniales: el activo no corriente y el activo corriente.

Las empresas del sector turístico son empresas del sector servicios. Por ello, sus activos tienen mayor peso específico en la masa de activo corriente.

Los elementos de **activo no corriente** representan la estructura fija de la empresa, y hacen referencia a los elementos necesarios e imprescindibles para la producción o prestación de sus servicios.

Los elementos de **activo corriente** surgen como consecuencia del ciclo de explotación y se representan a través de las submasas de existencias, realizable y disponible.

La estructura del activo de la empresa debe presentar una dimensión óptima del inmovilizado, que pueda sostener la capacidad productiva de la misma, pero al mismo tiempo debe presentar un activo corriente que permita el desarrollo de su ciclo de explotación, sin que se produzcan interrupciones en el mismo.

Y el pasivo está compuesto por todas las fuentes de financiación, tanto propias como ajenas, y las masas patrimoniales que lo forman son el neto patrimonial o fondos propios y las deudas a largo (PNC) y a corto plazo (PC).

El **neto patrimonial** son las aportaciones del empresario o de los socios, las reservas y los beneficios sin distribuir.

Las **deudas o exigible a largo (PNC) y corto plazo (PC)** son las obligaciones a las que la empresa debe hacer frente en un plazo superior e inferior al año respectivamente.

Se podría pensar que la estructura financiera óptima de una empresa es aquella en la que su pasivo estuviera formado totalmente por recursos propios.

Sin embargo, esta estructura no tendría por qué significar una situación ideal, pues el endeudamiento puede producir un efecto positivo sobre la rentabilidad financiera de la empresa.

El endeudamiento, es decir, la utilización de fuentes de financiación ajenas que suponen un coste financiero concreto, determina la rentabilidad financiera de la empresa; es lo que se denomina el **efecto apalancamiento.** Así, este efecto será positivo cuando el endeudamiento mejore la rentabilidad financiera, y negativo, cuando no lo haga.

Por lo tanto, el endeudamiento permite, por medio del efecto apalancamiento, mejorar la rentabilidad de la empresa, siempre que la rentabilidad económica sea superior al coste de la financiación ajena.

Para que exista una relación óptima entre recursos propios y ajenos se deben cumplir los siguientes principios:

1. Los activos no corrientes (ANC) deben financiarse con capitales permanentes (neto y Pasivo no corriente (PNC)).
2. Los capitales permanentes deben financiar parte del activo corriente.
3. La cuantía de la financiación ajena a corto plazo deberá basarse en la capacidad de la empresa para generar efectivo a corto plazo, es decir, en el volumen de ventas y en el plazo de cobro de las mismas; mientras que, la financiación a largo plazo estará basada en la rentabilidad que vayan a obtener las inversiones a largo plazo, junto con las amortizaciones que se vayan generando.
4. La elección entre recursos propios y ajenos a largo plazo estará basada en el coste de las fuentes de financiación.
5. La aportación mínima de capital debe girar en torno al 35 % del total de la inversión, de otra forma los bancos no concederán préstamos, ya que quieren que el empresario también asuma riesgos en una parte importante de la inversión.
6. Las deudas no han de superar el 60 % del pasivo.

4. Ventajas y desventajas de los principales métodos para evaluar inversiones según cada tipo de alojamiento. Aplicaciones informáticas

Las inversiones que acomete una empresa dan a conocer el sector al que pertenece, la actividad a la que se dedica y su dimensión empresarial.

Las inversiones pueden ser insuficientes. En ese caso, la empresa ocuparía una posición de desventaja frente a sus competidores, y tendría sobre ella un efecto negativo.

O, por el contrario, pueden ser excesivas, y por lo tanto tendría una mayor financiación para mantener una mayor inversión. Por un lado, la carga financiera también sería mayor, lo que supondría una reducción de la rentabilidad; por otro, la depreciación y el mantenimiento de los activos productivos ociosos provocarían costes de subactividad.

En el caso de los hoteles, las características de las inversiones serían las siguientes:

■ **Inversiones en activo no corriente:** son grandes inversiones en terrenos, construcciones, instalaciones, maquinaria, mobiliario o equipos informáticos.

■ **Inversiones en activo corriente,** como:

▪ Clientes, es decir, en los créditos concedidos a los clientes (agencias de viajes principalmente), ya que en la mayoría de los casos los cobros no se realizan de manera inmediata.

▪ Existencias, aunque su importancia no es muy significativa, ya que cada día se tiende más al *stock* cero, es decir, a tener almacenado lo mínimo necesario, pero ofreciendo seguridad.

▪ Tesorería, es decir, la inversión de la empresa para disponer del suficiente y necesario dinero líquido en cada momento.

El análisis de cualquier proyecto de inversión, desde un punto de vista financiero, es precisamente relacionar la corriente de cobros y pagos que origina y calcular la riqueza o excedente que genera, partiendo de condiciones de viabilidad y priorizando las diferentes alternativas.

Las características esenciales que debe presidir una inversión son:

a. **Liquidez,** es decir, la capacidad que tiene una inversión para transformarse rápidamente en dinero.

b. **Rentabilidad,** resulta de comparar los recursos financieros empleados con los recursos generados.

c. **Seguridad** de que la inversión dé lugar a los resultados deseados.

 Nota

Generalmente:
- A mayor rentabilidad, mayor riesgo.
- A mayor liquidez, mayor riesgo.
- A menor liquidez, menor rentabilidad.

Las inversiones se pueden clasificar en:

1. **Inversiones en activo no corriente y activo corriente.** Las inversiones en activos no corrientes suponen la adquisición de maquinaria, equipos informáticos, inmuebles, etc. Van a permanecer en la empresa durante un largo período de tiempo. Son inversiones a largo plazo.

   Las inversiones en activo corriente suponen la adquisición de materias primas, mercaderías, derechos de cobro y tesorería. Permanecen en la empresa un período inferior al año, por lo que se denominan también inversiones a corto plazo.

2. **Inversiones productivas y financieras.** Las inversiones productivas son necesarias para el proceso productivo. Y las financieras son las adquisiciones de acciones, letras del tesoro, obligaciones, pagarés, etc.

3. **Inversiones de cambio de efectivos.** Pueden ser de sustitución, reemplazamiento, reducir costes, aumento de producción, nuevos mercados, nuevos productos, inversiones sociales, inversiones en investigación y desarrollo, *stocks,* impuesta, de expansión, de renovación o de modernización.

Los elementos que definen una inversión son:

- A = desembolso inicial (es de signo negativo, ya que representa un pago), es la cantidad que se paga en la adquisición de los elementos de activo. Es el denominado momento cero y suele ser el pago más alto.
- Q = cuasirrenta o flujo neto de caja. Supone la diferencia entre cobros y pagos que sostiene la empresa a lo largo de cada uno de los períodos (m) que dura la inversión como resultado del desarrollo del proyecto.
- m = horizonte temporal. Es la duración temporal de la inversión. Es el número de años durante los cuales se irán produciendo entradas y salidas de dinero como consecuencia de la ejecución del proyecto de inversión.
- i = subperíodos.
- r = valor residual. Es el valor del bien al final de la vida de la inversión.

Los métodos de selección de inversiones se clasifican en dos grandes grupos: **estáticos** y **dinámicos.** Los primeros se realizan bajo el supuesto de que la inversión genera un flujo lineal, pero no se tiene en cuenta que los capitales tengan distinto valor en diferentes períodos de tiempo. Y los métodos dinámicos incorporan el factor tiempo y el hecho de que los capitales producidos tengan distinto valor según el momento en que se generen.

4.1. Método del plazo de recuperación de la inversión o *Pay Back*

Se interpreta como el tiempo necesario para que el proyecto recupere el capital invertido con los flujos obtenidos a lo largo de cada uno de los años de duración de la inversión. Los proyectos más interesantes son aquellos que tienen un plazo de recuperación menor.

Se puede calcular con las siguientes fórmulas:

$$PRI \text{ (para Q constantes)} = A/Q$$

$$PRI \text{ (para Q diferentes)} = -A + Q1 + Q2 + ...Qm$$

Las **ventajas** de este método son:

- Mide la rentabilidad en términos de tiempo.
- Es útil para decidir la viabilidad de proyectos de desarrollo de gran incertidumbre, en los que lo que más interesa es la recuperación rápida de la inversión.

Los **inconvenientes** de este método son:

- No considera todos los flujos de fondos del proyecto, ya que ignora aquellos que se producen con posterioridad al plazo de recuperación de la inversión.
- No permite jerarquizar proyectos alternativos.

 Aplicación práctica

En dos proyectos de inversión dados, seleccione el más beneficioso para la empresa a través del método del plazo de recuperación de la inversión o PRI.

Proyecto 1: desembolso inicial 3.000.000 €, cuasirrentas constantes de 500.000 €. Durante 10 años.

Proyecto 2: desembolso inicial 4.200.000 €, cuasirrentas constantes de 600.000 €. Durante 11 años.

SOLUCIÓN

Proyecto 1:

$$PRI = 3.000.000/500.000 = 6 \text{ años}$$

Continúa en página siguiente >>

<< Viene de página anterior

Proyecto 2:

$$PRI = 4.200.000/600.000 = 7 \text{ años}$$

Según el criterio del plazo de recuperación, la empresa seleccionará el primer proyecto porque se recupera en un plazo menor.

4.2. Método del Valor Actualizado Neto de una inversión (o valor capital). VAN

Este método tiene en cuenta el valor cambiante del dinero en el tiempo. Es la suma de los flujos de caja o cuasirrenta actualizados al momento inicial menos el desembolso inicial.

La fórmula que lo define es la siguiente:

$$VAN = -A + Q1/(1+K) + Q2/(1+K)^2 + Q3/(1+K)^3 + ... + Qm/(1+K)^m$$

Si las cuasirrentas son constantes:

$$VAN = -A + Q\,(1+K) - 1/K\,(1+K)^m$$

Importante

Una inversión será más rentable si su VAN es positivo, y entre varias inversiones con VAN positivo, se elegirá la de mayor VAN.

Las **ventajas** de este método son:

■ Mide la riqueza que aporta el proyecto medida en moneda del momento inicial.
■ Considera todos los flujos de fondos del proyecto.
■ Mide la rentabilidad en términos monetarios.

El **inconveniente** de este método es:

■ El principal problema que se plantea en el cálculo del VAN es la obtención de un valor para la tasa de actualización K.

 Aplicación práctica

Para el ejemplo anterior, supongamos una tasa de actualización del 10 % constante en todos los períodos. Como las cuasirrentas también son constantes, la fórmula sería:

$$VAN = -A + Q (1+K) - 1/K(1+K)$$

Seleccione el mejor proyecto de inversión según el método de valor actualizado neto.

Continúa en página siguiente >>

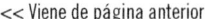
<< Viene de página anterior

SOLUCIÓN

Proyecto 1:

$$VAN = -3.000.000 + 500.000 \cdot (1,1)^{10} - 1/0,1 \, (11,1)^{10} = -3.000.000 + 500.000 \cdot 2,57 - 1/0,257 = 50.000$$

Proyecto 2:

$$VAN = -4.200.000 + 600.000 \cdot (1,1)^{11} - 1/0,1 \, (11,1)^{11} = -300.000$$

Se seleccionará el Proyecto 1, que da un VAN positivo.

4.3. El método de la Tasa Interna de Retorno (o de rentabilidad interna). TIR

Es aquel tipo de actualización que hace igual a cero el valor actual neto (VAN).

Es decir:

$$VAN = 0$$

Para ello, aplicaremos el método de prueba o error o de tanteo, dando valores a r y haciendo una tabla de VAN en función de r. El valor de la TIR se encontrará en aquel intervalo de valores de r que pase de ser positivo a negativo.

Solo interesa realizar aquellos proyectos de inversión cuyo tipo de rendimiento interno sea superior al interés nominal del dinero en el mercado de capitales. Entre varios proyectos de inversión siempre se elegirá aquel cuyo tipo de rendimiento interno sea mayor.

Las **ventajas** de este método son:

■ Considera todos los flujos de fondos del proyecto.
■ Mide la rentabilidad en términos porcentuales.

El **inconveniente** de este método es:

■ La obtención de un valor para r a través de tanteos.

 Ejemplo

La TIR se encontraría entre 0,36 y 0,4. Como aproximación podría decirse que la TIR está entre el 36 % y el 40 %. Podrían darse más valores en ese intervalo para aproximar más el valor según interese.

Método de prueba y error	
R	VAN
0,1	706,75
0,3	120,70
0,36	6,68
0,4	- 48,3
0,5	-185,05

4.4. Aplicaciones informáticas

También podemos calcular los anteriores valores con herramientas informáticas, como las hojas de cálculo de programas como *Excel.*

Recordemos que las hojas de cálculo son documentos informáticos formados por filas (horizontales) y columnas (verticales), donde cada intersección entre ambas (entre una fila y una columna), recibe el nombre de celda (un grupo de celdas recibe el nombre de rango). Cada celda tiene unas coordenadas, formadas por letras que hacen referencia a la columna, y por números que hacen referencia a la fila.

Las hojas de cálculo forman lo que se denominan **libros** (libros de cálculo), habiendo tantas hojas de cálculo, como nos admita la aplicación que estemos utilizando.

Las utilidades de las hojas de cálculo son múltiples: elaborar presupuestos, hacer facturas, calcular las cuotas de un préstamo, hacer un balance y una cuenta de resultados o, como en este caso, para calcular valores de estudio de inversiones, como son el VAN y el TIR.

Por lo tanto, podemos afirmar que todo aquello que sea cuantificable, y valorable económicamente, puede ser tratado, medido, ordenado y controlado, mediante una hoja de cálculo.

Cálculo de VAN y TIR para períodos regulares

Recordemos que TIR es el tipo de interés efectivo de una operación, que hace que el Valor Actual Neto (VAN) sea cero.

 Ejemplo

Ante una inversión inicial de 10.000 €, y en la que iremos cobrando en cada período las siguientes cantidades:

▌ Período 1: 2.000 €
▌ Período 2: 4.000 €
▌ Período 3: 6.000 €

La TIR será la "k" de la siguiente ecuación:

$$10.000 = 2.000/ (1 + K)^1 + 4.000/ (1 + K)^2 + 6.000/ (1 + K)^3$$

Como lo que buscamos es calcular la TIR, es decir VAN=0, pasamos los 10.000 al otro lado de la ecuación. Y quedaría así:

$$0 = - 10.000 + 2.000/(1 + k)^1 + 4.000/(1 + k)^2 + 6.000/(1 + k)^3$$

Para resolver la TIR, utilizaremos la siguiente fórmula de *Excel:*

= TIR (flujos monetarios; tipo de interés estimado)

Si nos fijamos en la última ecuación del ejemplo (la que hace que el VAN = 0), veremos que los 10.000 euros de la inversión inicial (cobros), aparecen en negativo, y los pagos, en positivo. Pues bien, aquí en la ecuación de *Excel,* deberá aparecer de la misma forma: cobros en negativo, y pagos en positivo.

Tipo de interés estimado es un tipo de interés aproximado. Podemos omitirlo, y en ese caso, *Excel* tomará como punto de partida para iniciar los cálculos de la TIR, un valor del 10 %.

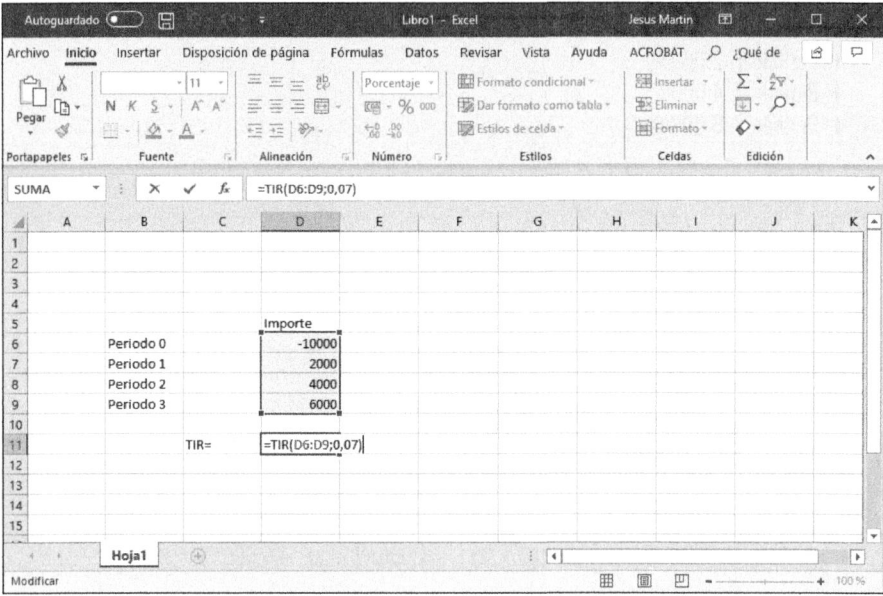

A continuación, calculemos el VAN, para ello utilizaremos la siguiente fórmula:

= VNA (TIR; flujos monetarios futuros) + flujos monetarios actuales

 Recuerde

La función VNA de *Excel* solo nos devuelve el valor actual de una serie de flujos futuros, por eso, no debemos añadir la inversión actual dentro de los parámetros de la función, es decir, en el ejemplo, desde D7:D9 y no D6:D9.

Así, introduciendo la siguiente fórmula, obtendremos:

	Importe
Periodo 0	-10000
Periodo 1	2000
Periodo 2	4000
Periodo 3	6000
TIR=	8%
VAN=	0,00 €

Celda D13: =VNA(D11;D7:D9)+D6

Continuando con el mismo ejemplo, y el tipo de interés de la inversión es del 5 %, calculamos que cantidad deberíamos invertir para obtener los ingresos señalados en cada período.

 Nota

VAN y VNA no son lo mismo. La diferencia principal entre el concepto económico VAN (Valor Actual Neto) y la interpretación de *Excel* del VNA (Valor Neto Actual), radica en que el concepto económico contempla los flujos en el momento cero, mientras que *Excel* solo contempla los flujos futuros. Para que la función de *Excel* sea interpretada como el concepto económico de valor actual neto, hay que añadir al final de la función, los cobros y los pagos actuales.

Ejemplo

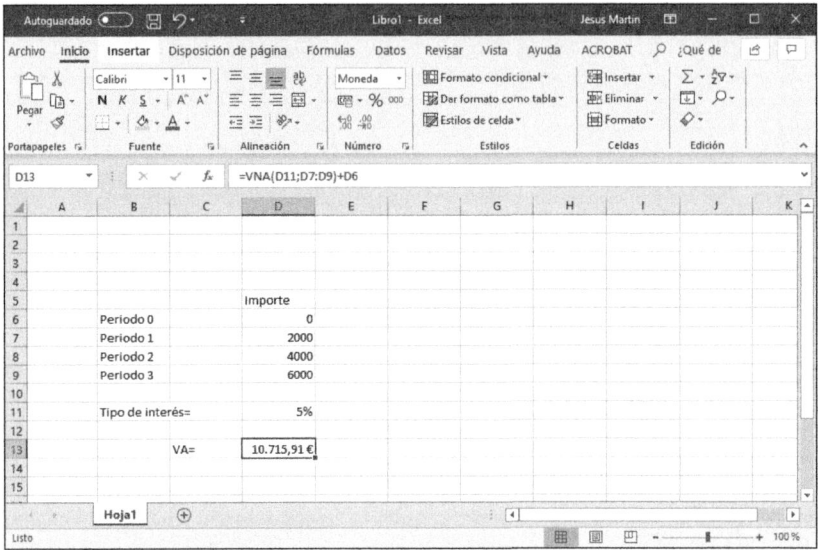

Como se puede apreciar, al utilizar un tipo de interés menor, 5 % en vez de 7 %, necesitaremos invertir una cantidad mayor, para obtener los ingresos que tenemos previstos. Lo que quiere decir que los 12.000 € (2.000 + 4.000 + 6.000), que cobraremos en el futuro, son en realidad 10.715,91 € actuales. Es decir, hemos obtenido el Valor Actual de la Inversión.

Cálculo de VAN y TIR para períodos irregulares

Lo normal es que todos los flujos de caja se den con la misma periodicidad. Sin embargo, puede darse el caso de que los períodos no sean homogéneos.

En ese caso, la fórmula a utilizar para calcular el TIR sería:

= TIR.NO.PER (flujos de caja; fechas; tipo de interés estimado)

Veamos un ejemplo:

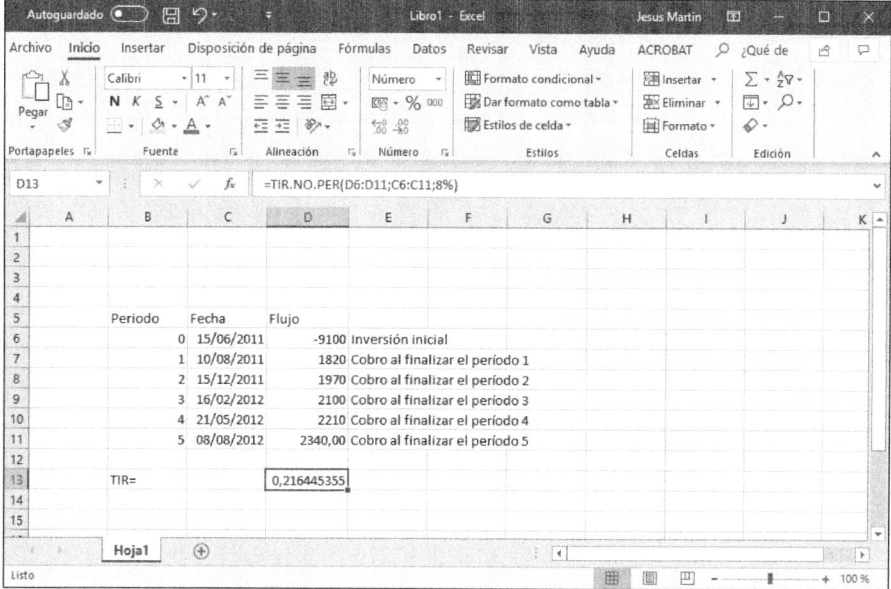

Y para calcular el VAN utilizaremos la siguiente:

= VNA.NO.PER (tipo de interés, flujos de caja; fechas)

 Recuerde

Debemos introducir en la celda de la inversión inicial, un 0, ya que si no, la función nos daría error, es decir, debemos incluir en este caso la inversión inicial dentro de los parámetros de la función.

Veamos un ejemplo:

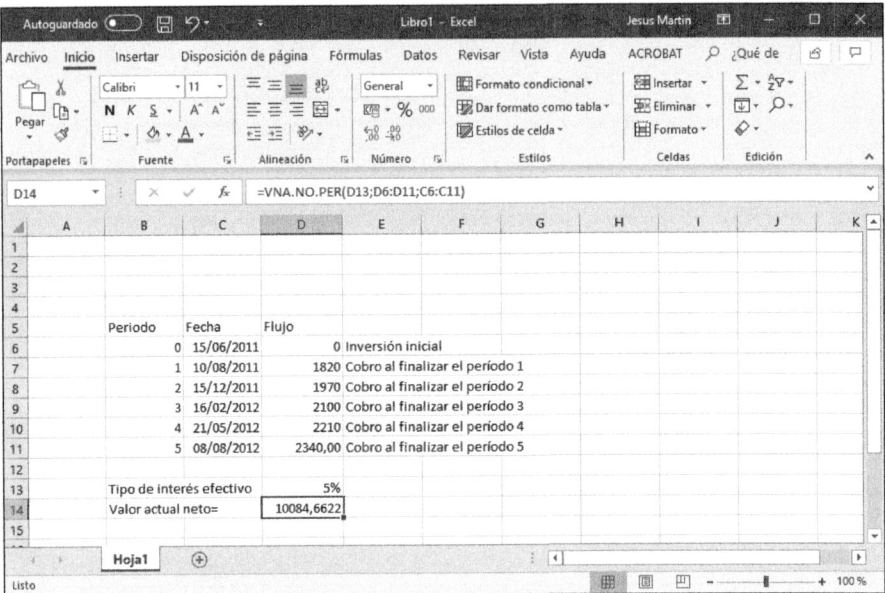

5. Resumen

Dos funciones relevantes de la gestión empresarial son: la financiación, o la adquisición de los recursos financieros necesarios para el desarrollo de la actividad de la empresa; y la inversión, o el empleo de esos recursos financieros en la adquisición de los elementos necesarios para la producción de bienes y servicios.

Todas las decisiones que se tomen sobre financiación e inversiones deben tener en cuenta la siguiente regla básica: "La rentabilidad de las inversiones de una empresa debe ser mayor al interés pagado por las deudas contraídas para acometer tales inversiones".

Las fuentes de financiación se clasifican:

a. Según los sujetos que han aportado los recursos: en fuentes de financiación propia y fuentes de financiación ajenas.

b. Según la procedencia de los recursos: en fuentes internas y en fuentes externas.

c. Según un criterio temporal: en financiación a largo plazo y financiación a corto plazo.

La estructura financiera óptima de la empresa no es aquella que se financia exclusivamente de recursos propios, sino aquella que, aunque ajena, sus costes derivados son inferiores a la rentabilidad económica de la empresa.

Los métodos de valoración de inversiones pueden ser:

- Estáticos: método del plazo de recuperación de la inversión o *Pay Back.*
- Dinámicos: método del valor actualizado neto de una inversión o VAN y método de la Tasa Interna de Retorno o TIR.

Podremos calcular el TIR y el VAN con hojas de cálculo de programas informáticos, entre los que destaca, por estar más extendido su uso, *Microsoft Excel.*

Ejercicios de repaso y autoevaluación

1. Relacione los siguientes elementos.

    a. Crédito Comercial.
    b. Remanentes.
    c. Crédito turístico.
    d. Empréstitos.

    __ Fuentes de financiación propia.
    __ Recursos financieros ajenos a medio y largo plazo.
    __ Recursos financieros ajenos a corto plazo.
    __ Formas especiales de financiación.

2. Indique si la siguiente frase es verdadera o falsa.

La rentabilidad de las inversiones de una empresa debe ser menor al interés pagado por las deudas contraídas para acometer tales inversiones.

    ☐ Verdadero
    ☐ Falso

3. ¿Qué diferencia existe entre los métodos de selección de inversiones estáticos y dinámicos?

_____
_____
_____
_____

4. Seleccione la opción correcta.

    a. Las fuentes de financiación internas son recursos no exigibles por terceros.
    b. Las fuentes de financiación internas son recursos que han sido generados por la empresa y no distribuidos.
    c. Las fuentes de financiación internas son aportados por los propietarios o terceros.

5. El *leasing* es:

    a. Un servicio que se contrata con una entidad financiera para adelantar el pago a los proveedores.
    b. Un contrato de alquiler sin opción a compra.
    c. Un contrato de alquiler con opción a compra.

6. ¿Qué ventajas ofrecen las fuentes de financiación propia?

_____
_____
_____
_____

7. Señale la opción incorrecta.

Antes de proceder a la elección de las fuentes de financiación, la empresa debe plantearse...

    a. ... qué cantidad de fondos disponibles posee.
    b. ... los costes derivados de cada alternativa de financiación.
    c. ... qué inversiones realizan las empresas de la competencia.

8. ¿Qué características esenciales deben presidir una inversión?

_____
_____
_____
_____

9. ¿Con qué aplicación informática se pueden calcular los indicadores *Pay Back* o PRI, VAN y TIR?

_____
_____

10. De entre los dos proyectos propuestos, A y B, ¿cuál es el más conveniente según el plazo de recuperación?

PROYECTOS	Desembolso inicial	Flujo de fondos en el año				
		1	2	3	4	5
Proyecto A	-15	10	5			
Proyecto B	-15	10	2	9		

Evaluación de costes, productividad y análisis económico para las áreas de alojamiento

Contenido

1. Introducción

La dinámica económica de las empresas se refleja en una serie de inter-cambios con el mundo exterior, con la adquisición de los recursos necesarios (transacciones externas) y en los hechos que transforman estos recursos (transacciones internas).

El análisis económico de las empresas y áreas de alojamiento informa acerca del movimiento interno de valores, es decir, el "movimiento económico" o proceso de transformación de los factores de producción o el seguimiento de los gastos a incorporar como costes de los servicios a prestar.

Y es la contabilidad interna, también conocida como de costes, de gestión o analítica, la que informa acerca de este movimiento interno de valores en la empresa a directivos de la empresa o empresarios y a terceros interesados, como los auditores externos, y abarca a la totalidad de las unidades de la organización, agregando finalmente los costes de cada una de ellas y determinando de manera individual los resultados de todas las áreas.

Su misión principal es conocer los costes de los productos o servicios de los diferentes departamentos, pero también analiza otros aspectos, como la relación entre consumos en relación con las ventas, detecta los servicios más rentables o los que generan pérdidas, en función de lo que se gana o se pierde con cada servicio, facilita la cifra de ventas mínima para cubrir gastos y no tener pérdidas, etc.

2. Estructura de la cuenta de resultados

La cuenta de resultados analítica, es decir, aquella que se realiza dentro de la contabilidad de gestión o interna para el gestor de la empresa, consiste en situar los ingresos o ventas al principio deduciéndose los gastos. Se empieza por el coste de materia prima y se sigue con los costes de estructura, lo que nos lleva al beneficio antes de intereses e impuestos.

Para llevar a cabo el análisis económico o de la rentabilidad, utilizaremos la siguiente estructura de la cuenta de resultados o cuenta de pérdidas y ganancias (P y G):

Ventas Netas
- Coste de Ventas

= Margen Bruto
- Gastos de Estructura

= BAIT
- Intereses de las deudas

= BAT
- Tributos

= BN

A continuación, veamos qué significa cada una de las variables que constituyen esta estructura analítica de la cuenta de resultados:

- **Venta:** total de los ingresos resultados de la actividad económica de la empresa.
- **Coste de venta:** costes variables resultantes de la fabricación, distribución y venta de los productos de la empresa.
- **Margen bruto:** primera aproximación a los resultados de la empresa.
- **Costes fijos:** son los costes que no dependen del nivel de actividad o de ventas de la empresa.
- **BAIT:** es el beneficio antes de restarle el coste de la deuda y los tributos (impuesto de sociedades).
- **BAT:** es el resultado de restar los costes de las deudas.
- **Impuesto sobre beneficios:** impuesto de sociedades que se tiene que retribuir según los beneficios obtenidos.
- **BN:** es el beneficio libre de cargas.

 **Nota**

También, y aunque no es objeto de este estudio, ya que al análisis económico nos estamos refiriendo, debemos hacer mención a que la cuenta de resultados puede presentarse usando el modelo financiero.

Según recoge el Plan General de Contabilidad (PGC), toda empresa constituida como sociedad debe elaborar obligatoriamente al final de cada ejercicio económico las cuentas anuales con el objetivo de proporcionar información sobre su situación económica y financiera.

Estas deben formar una unidad y ser redactadas con claridad y mostrar la imagen fiel del patrimonio, de la situación financiera y de los resultados de la empresa. Y estarán compuestas por:

- El balance, muestra el patrimonio de la empresa y se clasifica en: el activo que comprende los bienes y derechos, el pasivo formado por las obligaciones con terceros; y el patrimonio neto que recoge los fondos propios de la empresa.
- La cuenta de resultados engloba los ingresos y los gastos correspondientes a un ejercicio económico y, por su diferencia, el resultado del mismo.

El nuevo PGC adopta una estructura de la cuenta de resultados en forma de lista, es decir, con una sola columna:

A) OPERACIONES CONTINUADAS

1. Importe neto de la cifra de negocios
2. Variación de existencias de productos terminados y en curso de fabricación
3. Trabajos realizados por la empresa para su activo
4. Aprovisionamientos
5. Otros ingresos de explotación
6. Gastos de personal
7. Otros gastos de explotación
8. Amortización del inmovilizado
9. Imputación de subvenciones de inmovilizado no financiero y otras
10. Excesos de provisiones
11. Deterioro y resultado por enajenaciones del inmovilizado
12. Diferencia negativa de combinaciones de negocio
13. Otros resultados

A.1) RESULTADO DE EXPLOTACIÓN
   (1 + 2 + 3 + 4 + 5 + 6 + 7 + 8 + 9 + 10 + 11 + 12 + 13)

14. Ingresos financieros
15. Gastos financieros
16. Variación de valor razonable en instrumentos financieros
17. Diferencias de cambio
18. Deterioro y resultado por enajenaciones de instrumentos financieros
19. Otros ingresos y gastos de carácter financiero

A.2) RESULTADO FINANCIERO
   (14 + 15 + 16 + 17 + 18 + 19)

A.3) RESULTADO ANTES DE IMPUESTOS
   (A.1 + A.2)

20. Impuestos sobre beneficios

A.4) RESULTADO DEL EJERCICIO PROCEDENTE DE OPERACIONES CONTINUADAS
   (A.3 + 20)

B) OPERACIONES INTERRUMPIDAS

21. Resultado del ejercicio procedente de operaciones interrumpidas neto de impuestos

A.5) RESULTADO DEL EJERCICIO (A.4 + 21)

- La memoria, tiene como misión completar, ampliar y comentar la información contenida en el balance y en la cuenta de P y G.
- El estado de cambio en el patrimonio neto. En él aparecen, además del beneficio o pérdida que recoge la Cuenta de P y G, otros gastos o ingresos que modifican el valor del patrimonio neto.
- El estado de flujos de efectivo, que informa sobre el origen y la utilización del efectivo.

3. Tipos y cálculo de costes

Las empresas de alojamiento turístico, cuando tienen como objetivo aumentar su cifra de ventas o, lo que es lo mismo, sus beneficios, actúan principalmente sobre los costes y precios, ya que esta es una actividad que se caracteriza por su capacidad limitada de producción. Por ello, las medidas de ámbito interno podrán ser más positivas que aquellas que se dirijan al marco externo, ya que allí se dan circunstancias sobre las que no es posible actuar.

Normalmente, un buen conocimiento de la estructura de costes permitirá su control y, a través del control, su reducción.

 Importante

El cálculo de costes es de una gran importancia para conocer mejor la empresa y para tomar decisiones fundamentadas.

3.1. Concepto de coste

El coste es el consumo, valorado en dinero, de bienes y servicios necesarios para la producción. Pero no debemos confundir coste, con pago, gasto o inversión. Veamos las **diferencias:**

- Pago, supone una salida de dinero.
- Gasto, es un concepto del ámbito externo y se refiere al gasto que soporta la empresa en un ejercicio económico.
- Coste, es un concepto del ámbito interno y son los gastos que soportan los productos o servicios y departamentos.
- Inversión, no es un gasto si no se refiere a la adquisición de elementos necesarios para el desarrollo de la actividad empresarial.

 **Recuerde**

No debemos confundir coste, con pago, gasto o inversión.

3.2. Clasificación de los costes

Los costes se clasifican en función de:

Dónde son calculados

- **Costes externos:** son los que surgen de las relaciones de la empresa con terceras personas de su ámbito externo y suponen una salida de recursos financieros. Por ejemplo: las materias primas, los gastos de personal, los suministros, etc.
- **Costes internos:** son calculados en el ámbito interno de la empresa y no suponen una salida de recursos financieros. Por ejemplo: las amortizaciones y las dotaciones.

Su variación o no según el nivel de producción

- **Costes fijos:** son aquellos en que incurre la empresa con independencia de su nivel de producción. También se denominan costes de estructura y costes generales. Por ejemplo, el sueldo del director, alquileres, otros salarios, etc. Están relacionados con el estudio del apalancamiento operativo, es decir, con el índice que estudia el aumento de los beneficios respecto a un aumento de la cifra de ventas a través de la siguiente fórmula:

$$[(BAIT2 - BAIT1)/BAIT1]/[(Ventas2 - Ventas1)/Ventas1]$$

- **Costes variables:** son los que varían con el nivel de producción. Por ejemplo: las materias primas o los suministros.
- **Costes semivariables o semifijos:** son los que están compuestos de una parte fija y otra variable. Por ejemplo: la energía eléctrica que se factura por kilovatio instalado (CF) y por kilovatio/hora consumido (CV).

También podemos calcularlos para cada unidad de producto. Y serían:

- **Coste fijo unitario.** Tenderá a ser menor al aumentar el volumen de producción, manteniéndose el coste fijo total constante, ya que se dividiría entre el número mayor de unidades.
- **Coste variable unitario.** Permanecerá constante al variar el volumen de producción, a diferencia de su valor total, que aumentará con cada unidad producida de más.

Ejemplo

Supongamos una empresa con unos costes fijos totales de 20 y unos costes variables unitarios de 10, es decir:

$$CFT = 20 \ y \ CVu = 10$$

Continúa en página siguiente >>

<< Viene de página anterior

Por cada unidad vendida:

- 1 unidad → CFu = 20 → CVu = 10
- 2 unidades → CFu = 10 → CVu = 10
- 3 unidades → CFu = 6,6 → CVu = 10

$$CFT = 20$$
$$CVT = 30$$

Los costes totales serían:

$$CT = 20CF + 30CV = 50CT$$

Y también podremos calcular:

- **Coste unitario medio.** Es decir, el promedio de los costes unitarios de los diferentes productos o servicios que la empresa produce, muy útil en producciones multiproducto.

 Recuerde

Toda empresa bien gestionada debe procurar que los gastos fijos sean los menos posibles y aumentar la importancia y el volumen de los costes variables, ya que los costes variables existirán solo cuando haya una producción que los necesite. De ahí, que en los hoteles se

Continúa en página siguiente >>

<< Viene de página anterior

suelen asignar las habitaciones por plantas, de tal manera que si la ocupación no está al 100 %, habrá plantas totalmente cerradas e inutilizadas para así reducir los costes fijos de personal de limpieza o climatización.

Su asignación a un departamento o producto o servicio concreto

- **Costes directos o asignables:** son los que fácilmente se pueden asignar o imputar a un determinado producto o departamento. Por ejemplo: los sueldos y salarios, los suministros, las materias primas, etc.
- **Costes indirectos o no asignables:** son aquellos que no están relacionados directamente con ningún producto, servicio o departamento. Por ejemplo: el sueldo del director.

El período en que son calculados

- **Costes estándar o previsionales:** son los que se determinan al inicio del período contable. Se les llama también costes esperados o futuros y son muy útiles para la toma de decisiones.
- **Costes históricos:** Son los que se determinan una vez terminado el período contable. Se les llama también reales o costes pasados, y son útiles para evaluar acciones pasadas.

Su utilización o no

- **Costes de actividad:** son los costes en los que se incurre para la producción de producto o servicio determinado.
- **Coste de subactividad (o coste de estar parado):** son en los que se incurre en el caso de una producción por debajo de la capacidad teórica normal. En este caso, solo se tiene en cuenta la parte proporcional de los costes fijos de la actividad real con respecto a la actividad normal.

Otros costes

- **Coste marginal o adicional:** es el coste en que se incurre por producir una unidad más.
- **Coste de oportunidad:** es el coste de los bienes o servicios a que se debe renunciar en la persecución de algo.

COSTES FIJOS Y VARIABLES MÁS USUALES EN LAS EMPRESAS DE ALOJAMIENTO

Servicio	Costes Fijos	Costes Variables

- Estancias
- Comida
- Bar
- Lavandería
- Teléfono
- Discoteca
- Tiendas
	- Sueldos y salarios
	  del personal fijo
	- Seguridad social a cargo de
	  la empresa del personal fijo
	- Tributos
	- Amortizaciones
	- Publicidad, propaganda y RR. PP.
		- Lavandería, atenciones a
		  clientes, comisiones, etc.
		- Alimentos
		- Bebidas
		- Agua, energía,
		  detergente, etc.
		- Coste de los pasos
		- Coste de la mercancía
		  vendida

 Ejercicio práctico

Supongamos el departamento de pisos de un hotel que tiene unos CF de 100 u.m. (de los cuales 40 u.m. corresponden a salarios); el CVu es de 3 u.m. Lo máximo que una camarera de pisos puede hacer durante su jornada son 8 habitaciones. Determine el coste marginal si el hotel decidiese hacer en el mismo intervalo de tiempo 9 habitaciones.

SOLUCIÓN

Producción	CFT	CVu	CT	Coste marginal
5 hab.	100	15	115	
6 hab.	100	18	118	3
7 hab.	100	21	121	3

Continúa en página siguiente >>

<< Viene de página anterior

Producción	CFT	CVu	CT	Coste marginal
8 hab.	100	24	124	3
9 hab.	100	27	167	43
10 hab.	100	30	170	3

El coste marginal sería de 43, ya que habría que contratar a una camarera de pisos más, y el coste del salario son 40 u.m.

3.3. Cálculo de costes

El cálculo de los costes, junto con el cálculo del beneficio y de los precios de venta, es una de las tareas de la dirección más importantes.

En primer lugar, se identifican y se valoran los costes, y en función de estos y del beneficio que se desea obtener, se fijan los precios de venta.

El cálculo de los costes nos proporcionará:

1. Conocer los costes de cada departamento.
2. Conocer los costes de cada producto o servicio.
3. Calcular los márgenes y los resultados de la empresa.

Para ello, se pueden aplicar alguno de los siguientes métodos.

Método de *full-cost* o del coste pleno o total

Este método no considera únicamente el coste directo, sino también una parte proporcional de los costes fijos o indirectos. El reparto de estos últimos se podrá hacer:

1. En función de criterios objetivos. Los más usuales son:

- Según el volumen de ingresos de cada departamento.
- A partes iguales en todos los departamentos.
- Según el tiempo dedicado a cada departamento.
- Según la proporción de costes directos.
- Según la superficie que ocupa cada departamento.
- A través de contadores, etc.

2. Método de las secciones homogéneas. Este método pretende racionalizar los criterios objetivos, antes enunciados, a través de la división de los diferentes departamentos de la empresa en secciones homogéneas. Según si los productos o servicios son consumidos por los clientes o por otros departamentos dentro de la empresa, las secciones serán:

- Principales. Por ejemplo: los departamentos de recepción, habitaciones, restaurante, etc.
- Auxiliares. Por ejemplo: limpieza, mantenimiento, etc.

 Definición

Sección homogénea
Departamento que produce un producto o servicio dentro de la empresa.

 Ejemplo

Ejemplos de departamentos y subdepartamentos en alojamientos turísticos:

1. Departamento de recepción.

- Sección de mostrador.
- Sección de reservas.

Continúa en página siguiente >>

<< Viene de página anterior

ı Sección de caja.
ı Sección de mano corriente o facturación.

2. Departamento de cocina.

ı Sección de cocina caliente.
ı Sección de cuarto frío.
ı Sección de pastelería.

Los pasos a dar para distribuir los costes por las secciones son los siguientes:

1. Una vez divididos los departamentos en secciones, se distribuirán los costes indirectos con criterios objetivos como los del punto 1.
2. Se suman los costes indirectos a los costes directos.
3. Y por último, los costes de las secciones auxiliares se distribuyen entre las principales. La forma de hacerlo es sumar todos los costes asignados a esa sección y dividirlos por una unidad de obra, es decir la medida con lo que se produce en una sección.

Ejemplos de unidades de obra:

■ Horas/personas: serán las más utilizadas en los departamentos de pisos y cocina.
■ Número de unidades vendidas: serán las unidades de departamentos como recepción y restaurantes.
■ Unidades de materias primas adquiridas: serán las unidades de obra de departamentos como compras y aprovisionamiento.

Método *direct costing* o coste proporcional o coste marginal

Este método solo tiene en cuenta los costes asignables (directos) que además sean variables, circunstancia que suele ocurrir.

El beneficio, al que llamamos margen de beneficio (mb), lo calculamos restando al precio de venta (pv) el coste directo (cd).

Es decir:

$$Mb = pv - cd$$

Y el sumatorio de todos los mb de cada una de las unidades vendidas, nos dará MT, es decir, el margen de beneficio total, que deberá tener capacidad para absorber los costes fijos.

Este método es útil para conocer la rentabilidad de cada uno de los productos, la conveniencia o no de su producción y, por lo tanto, la rentabilidad de cada departamento.

Calculamos la rentabilidad del producto con la siguiente fórmula:

$$\text{Rentabilidad departamento} = \text{Margen departamento/I (ingresos)}$$

Y la rentabilidad del departamento:

$$\text{Rentabilidad producto} = \text{Margen producto/pv}$$

Recuerde

La elección de uno u otro método se hará en función del interés de la empresa por mostrar el coste real del proceso productivo o el coste atribuible a todas las operaciones realizadas en la misma.

4. Aplicación de métodos para la determinación, imputación, control y evaluación de consumos. Cálculo y análisis de productividad y del punto muerto de explotación o umbrales de rentabilidad utilizando herramientas informáticas

Producir es consumir de forma coordinada unos recursos para obtener un producto o prestar un servicio. Ya hemos visto la importancia del cálculo de los costes de producción, que se definen como el valor dado a la cantidad de factores consumidos. Es, por lo tanto, también imprescindible el cálculo de la valoración de los consumos producidos en la producción, así como el número mínimo de unidades que se deben vender para no incurrir en pérdidas y alcanzar un nivel óptimo de productividad.

4.1. Métodos para la determinación, imputación, control y evalución de consumos

El consumo se define como el gasto de materias primas que se hace en la producción de un bien o un servicio.

Y se calcula de la siguiente manera:

Compras
+ Trabajos realizados por otras empresas
- Devoluciones
- Descuentos

± Variación de existencias (Ei- Ef)

= COMSUMO

- **Los trabajos realizados por otras empresas:** es muy habitual en los establecimientos hoteleros, especialmente en los departamentos de restaurante y cocina, que no se realicen algunas compras de materias primas para la elaboración de productos finales, sino que se encarguen a otras empresas estos productos ya elaborados. Por ejemplo, el restaurante de un hotel que encarga a otra empresa los postres que sirve a sus clientes.
- **Las devoluciones** suelen ocurrir cuando parte de las compras efectuadas son, por ejemplo, defectuosas.
- Igualmente el importe de la compra puede disminuir si los proveedores hacen **descuentos** a la empresa por volumen de compra, pronto pago, etc.
- **La variación de existencias** se determina restándole a la cantidad del inventario inicial (Ei) la cantidad del inventario final (Ef). Las salidas que vayan produciéndose en el período de materias se pueden valorar por alguno de estos 3 métodos:

  1. **Método FIFO** *(First In, First Out).* Se valoran las salidas al precio de las unidades más antiguas del almacén. Así, las existencias estarán valoradas al precio de las más recientes. El inconveniente de este método es que sobrevalora el *stock*.
  2. **Método LIFO** *(Last In, First Out).* Las salidas se valoran al precio de las últimas unidades en entrar al almacén. Por lo tanto, en este caso, las existencias quedan valoradas por el precio de las más antiguas. En este caso, el inconveniente es la infravaloración del *stock* en casos de inflación.
  3. **Método del Precio Medio.** Valora las salidas por el precio medio ponderado del total de las existencias en almacén. Es el más utilizado.

En las empresas de alojamiento turístico, si se quiere calcular con exactitud el consumo, debe tenerse en cuenta también el coste de los alimentos consumidos por los empleados en el comedor de personal.

4.2. Cálculo y análisis de niveles de productividad y del punto muerto de explotación o umbrales de rentablidad utilizando herramientas informáticas

Se comenzará realizando una aproximación a los niveles de productividad.

Análisis de niveles de productividad

En el cálculo del beneficio no se tienen en cuenta otros factores de producción distintos del capital, como por ejemplo el trabajo o la tecnología utilizada. Así, dos empresas similares con los mismos beneficios pueden tener una eficacia productiva diferente si una de ellas utiliza, por ejemplo, una tecnología más avanzada que la otra.

La **productividad** es un concepto que a menudo es confundido con otros conceptos como **eficiencia,** que significa producir con la máxima calidad en el menor tiempo posible; con **eficacia,** que tiene que ver con el grado en que se alcanzan los objetivos; o con **producción,** es decir, la actividad de producir.

Existen diferentes definiciones de la productividad, ya que se ha ido modificando a lo largo de los años, pero en líneas generales, podemos decir que la productividad es un indicador del óptimo uso que se le está dando a los recursos en una producción.

Para Leibenstein, la **productividad** es:

La relación entre recursos utilizados y productos obtenidos y denota la eficiencia con la cual los recursos -humanos, capital, conocimientos, energía, etc.- son usados para producir bienes y servicios en el mercado (Leibenstein, 1984).

En los inicios de su estudio, se relacionaba a la productividad únicamente con los factores trabajo y capital. Sin embargo, hoy en día se conoce un gran número de factores que pueden afectarle.

Algunos de estos otros **factores** son:

- Las inversiones.
- La razón.
- La calidad y disponibilidad de los insumos.
- La investigación y desarrollo científico-tecnológico.
- La utilización de la capacidad instalada.
- Las leyes y normas gubernamentales.
- La disposición o capacidad de la maquinaria y equipos.
- Los costes de los materiales y la energía.
- La calidad de los recursos humanos.
- La motivación y efectividad de los directivos.
- Métodos de trabajo, etc.

 Nota

Todos ellos, según la forma en que se relacionen entre sí, tendrán un importante efecto sobre la productividad resultante.

El análisis de la productividad puede utilizarse para comparar el nivel de eficiencia de la empresa, ya sea en su conjunto, o respecto del uso y la gestión de uno o varios recursos en particular.

Además, puede **utilizarse** para:

1. Comparar la productividad de la empresa respecto a la de **las empresas competidoras.**
2. **Comparar los beneficios** que pueden aportar algún cambio en la utilización de los factores de producción como, por ejemplo, la compra de un nuevo equipo o la utilización de nuevas materias primas.
3. **Propósitos administrativos internos** como, por ejemplo, la negociación con el personal.

La productividad se mide siempre por unidad de tiempo, pero **podemos medirla de dos formas:**

1. **Productividad monofactorial:** es decir, medirla parcialmente relacionando la producción con un factor o insumo. Y se calcularía:

> Productividad = Unidades producidas/*Inputs* empleados

2. **Productividad multifactorial o de factor total:** medirla relacionando la producción con cada uno de los factores utilizados, es decir, con la suma de todos los insumos. Y se calcularía:

> Productividad = *Output*/(Trabajo + Material + Energía + Capital + Varios)

En este caso, para hacer factible su cálculo, los insumos pueden expresarse en unidades monetarias. Esta tiene como ventaja que supone una visión más amplia.

 Aplicación práctica

El departamento de atención al cliente de una cadena hotelera tiene como norma atender 150 reclamaciones por día y con 6 empleados. Ha atendido durante las últimas 4 semanas las siguientes reclamaciones:

I 1.ª semana: 700 reclamaciones con 4 empleados
I 2.ª semana: 660 reclamaciones con 5 empleados
I 3.ª semana: 600 reclamaciones con 5 empleados
I 4.ª semana: 540 reclamaciones con 5 empleados

Continúa en página siguiente >>

<< Viene de página anterior

Calcule la productividad de la mano de obra del departamento en el último mes:

SOLUCIÓN

▎ Productividad establecida: 150/6= 25 reclamaciones/día y empleado
▎ Productividad = Cantidad reclamaciones atendidas/N.º empleados x días
▎ Productividad 1.ª semana: 700/4 x 5= 35
▎ Productividad 2.ª semana: 660/5 x 5= 26,4
▎ Productividad 3.ª semana: 600/5 x 5= 24
▎ Productividad 4.ª semana: 540/5 x 5= 21,6

Tanto si la medimos de una u otra forma, siempre debemos tener presente que los factores no son homogéneos, es decir, por ejemplo, en el caso del factor trabajo, los recursos humanos tienen diferentes calidades.

Además, en el sector servicios, por las características de sus productos finales difíciles de determinar, los problemas de medición se acentúan.

Para alcanzar los mejores niveles de productividad se debe tener en cuenta estas importantes premisas:

1. Diseñar adecuadamente el producto o servicio.
2. Seleccionar la tecnología más idónea.
3. Planificar la calidad deseada.
4. Utilizar óptimamente los recursos.

Las variables que influyen en los incrementos de la productividad principalmente son:

■ **El trabajo,** es decir, contar con personal bien formado y entrenado, sano y con acceso a ventajas como sanidad o transporte.
■ **El capital,** en cuanto que a mayor capital invertido por empleado, mayor será la productividad. Inversión que puede ser en bienes de capital o en sistemas o procesos de trabajo.

- **La gestión,** es decir, la óptima combinación de los recursos humanos y materiales y el uso de la tecnología, la formación y el conocimiento de la forma más efectiva.

Por otro lado, existen también una serie de factores que pueden frenar el aumento de la productividad, como por ejemplo:

- Incapacidad de los dirigentes de crear un clima propicio para aumentar la productividad.
- Rígidas reglamentaciones estatales.
- El tamaño y la madurez de las organizaciones.
- Dificultad en medir la fuerza del trabajo.
- Erróneos diseños de procesos productivos, organización y distribución de las máquinas y equipos, etc.

La productividad y su incremento es, por lo tanto, un dato gerencial de máxima importancia que puede conducir a:

1. Un mayor interés por los clientes.
2. Un mayor flujo de efectivo.
3. Un mejor rendimiento de los activos.
4. Más capital para invertir.
5. Una mayor competitividad de la empresa.

En definitiva, una empresa más productiva supone no solo que obtenga una mayor rentabilidad, sino también, por su óptimo uso de los recursos, que tenga más capacidad tanto de liquidez como de solvencia financiera.

 Recuerde

La productividad no es una medida de la producción. Es una medida del buen uso de los recursos y su combinación para obtener determinados niveles de producción.

Punto muerto de explotación

El punto de equilibrio es aquella cifra de ventas en que la empresa cubre únicamente sus gastos con la cifra de ventas y, por tanto, no obtiene beneficios ni sufre pérdidas. Es decir:

$$Ventas = Gastos\ Totales$$

Se puede expresar en unidades de productos, como estancias o cubiertos, o en unidades monetarias.

Los elementos que intervienen en su cálculo son los siguientes:

- Cifra de ventas (I), es decir, el importe de las ventas o ingresos.
- Costes fijos (CF), los que son independientes del nivel de producción.
- Costes variables (CV), los que dependen del volumen de producción.
- Unidades vendidas, la cantidad que se vende.
- Precio de venta unitario (P), es el precio de venta de cada unidad.

Y se calcula de la siguiente forma:

1. Si lo que se quiere es hallar la cantidad mínima de unidades físicas que se debe vender partimos de:

$$I = CT$$

Es decir:

$$I = CF + CV$$

Teniendo en cuenta que:

$$I = P \times Q$$
$$CV = Cv \times Q$$

 **Recuerde**

El punto muerto de explotación o de equilibrio, es aquel en que las ventas igualan a los gastos totales.

Sustituimos y llegamos a:

$$P \times Q = CF + (CV \times Q)$$

Y por último, si despejamos Q, obtenemos:

$$Q = CF/P\text{-}CVu$$

2. Si lo que se desea calcular es la cifra de ventas que debe alcanzar para no perder ni ganar, utilizaremos la siguiente fórmula:

$$PM = CF/ \ 1 - CV/I$$

Y se representaría gráficamente de la siguiente manera:

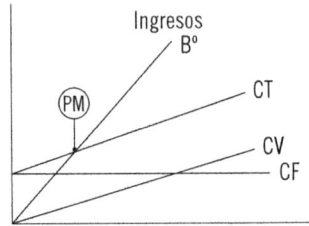

Cálculo con herramientas informáticas

Nuevamente, con una hoja de cálculo podremos calcular la cifra de ventas que iguala a los costes totales, es decir, el **umbral de rentabilidad.**

Las formas de representarlo en nuestra hoja de cálculo podrán ser muy diversas.

A continuación, exponemos solo un ejemplo:

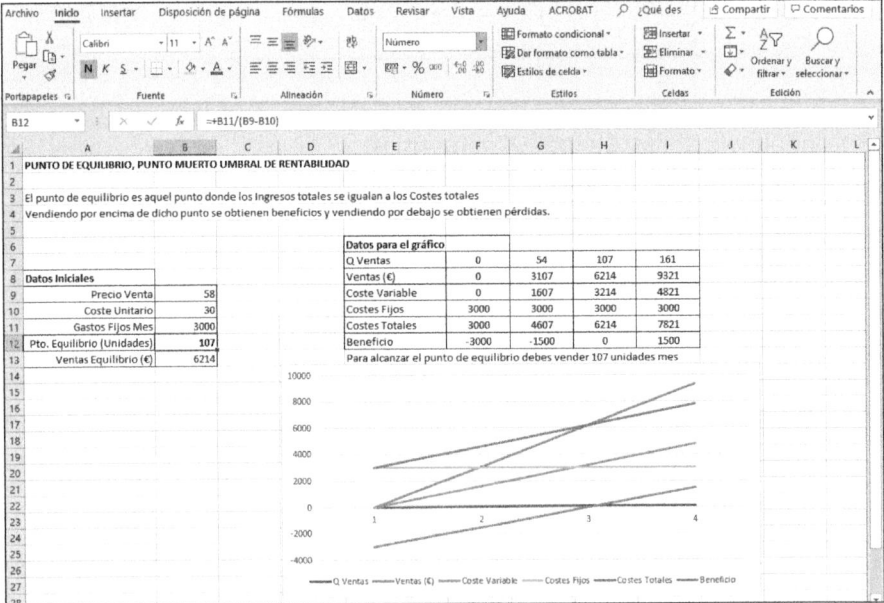

Siempre debemos partir de los siguientes datos:

- Precio de venta (pv)
- Coste unitario (Cu)
- Gastos Fijos Totales (CF)

Con los que calcularemos el número mínimo de unidades que debemos vender, es decir Q, para cubrir todos los costes. Y lo haremos con la siguiente fórmula:

$$Q = CF/pv\text{-} Cu$$

En la hoja de cálculo, solo debemos sustituir las variables por las celdas. Así, en el ejemplo expuesto, la fórmula a introducir en *Excel,* sería:

$$= +B11/(B9\text{-}B10)$$

Donde B11 correspondería a los Costes Fijos (CF).
B9 es el precio de venta (pv).
B10 sería el Coste unitario (Cu).

Una vez calculadas las unidades mínimas (Q), podemos calcular igualmente el umbral de rentabilidad en Ventas, es decir, en unidades monetarias. Y lo haríamos en este ejemplo con la fórmula:

$$= B12*B9$$

Igualmente, como vemos en el ejemplo, podemos incluir gráficos con la representación del umbral de rentabilidad.

5. Identificación de parámetros establecidos para evaluar: ratios y porcentajes. Márgenes de beneficio y rentabilidad

Un ratio es una unidad de medida utilizada por un analista o por el director de una empresa para evaluar la situación de la misma. Se expresa en términos de lo que se toma por unidad, aunque, en ocasiones suele expresarse en forma de porcentaje.

Son útiles, ya que por un lado se puede observar la evolución de la empresa, y por otro, comparar los ratios de una empresa con los de otras similares.

A este respecto, hay que tener en cuenta que se debe ser muy cuidadoso en su interpretación ya que no existen dos empresas iguales, ni siquiera la información contable es totalmente objetiva.

Además, en la mayoría de los casos, ningún ratio individual brinda suficiente información para poder apreciar en profundidad la situación económica o financiera de una empresa, por lo que deben analizarse mediante un conjunto de ratios que aporten aproximaciones razonables.

 **Recuerde**

Se debe tener en cuenta, además de la calidad de la información recibida, las peculiaridades de cada empresa y sus circunstancias.

Los ratios se clasifican en:

- **Ratios financieros,** que estudian la liquidez, la solvencia o la autonomía de la empresa.
- **Ratios económicos,** referidos a la rentabilidad y que utilizan fundamentalmente la cuenta de resultados.

En este capítulo vamos a estudiar los segundos, ya que son los que tratan de penetrar en la realidad económica de la empresa, es decir, de conocer sus potencialidades, sus beneficios y rentabilidades.

5.1. Márgenes de beneficio

Se considera **margen** la diferencia resultante entre la cifra de ingresos alcanzada y el coste de los productos o servicios vendidos. Se distinguen dos tipos de márgenes:

- El **margen industrial,** que se obtiene por la diferencia entre los ingresos por ventas y el coste de los productos o servicios vendidos.
- Y el **margen comercial,** que es la diferencia entre el margen anterior y los costes de distribución o comercialización.

Se considera **resultado** la pérdida o beneficio obtenido por la empresa en un tiempo determinado.

- El primer resultado que se consigue es el resultado analítico de la actividad, que resultará de la diferencia entre el margen comercial y el total de costes de administración y otros costes generales.
- El segundo resultado es el resultado analítico del período. Se obtendrá restando al resultado de la actividad los costes de la subactividad.
- Y por último, se obtendrá el resultado neto del período restando al resultado anterior el importe de la cuota del impuesto sobre el beneficio.

Podremos calcularlos creando una estructura como la que se presenta, que nos sea útil para obtener información y en base a ella poder realizar los análisis pertinentes.

MÁRGENES Y RESULTADOS			
Productos	Producto A	Producto B	Total
Ventas Netas			
- Coste Industrial			
= Margen Industrial			
- Coste Comercial			
= Margen Comercial			
- Gastos Generales			
= Resultado analítico de la actividad			
- Coste de la subactividad			
= Resultado analítico del período			
- Impuesto sobre el beneficio			
Resultado Neto del período			

5.2. Análisis de la rentabilidad

Desde un punto de vista económico, la finalidad de una empresa es conseguir una óptima utilización de sus recursos o, lo que es lo mismo, la máxima rentabilidad de los capitales invertidos en ella.

Por lo tanto, no se trata de maximizar los beneficios absolutos, sino la relación existente entre los beneficios y los capitales invertidos.

La fórmula matemática de la rentabilidad es:

$$\text{Rentabilidad} = \text{Beneficio/Capital Invertido}$$

Es decir, la cantidad de beneficio obtenido por cada unidad monetaria invertida. Esta normalmente se expresa en porcentaje.

El análisis de la rentabilidad persigue determinar la rentabilidad actual de la empresa y su posible evolución. Para ello es necesario estudiar la evolución de los ingresos y gastos, así como la de los resultados.

 Nota

Para que este análisis sea completo, debe estudiarse además la capacidad de autofinanciación de la empresa, ya que esta capacidad determina su forma de crecimiento, es decir, si crece basándose en los recursos generados por la propia empresa, o bien en el endeudamiento.

El análisis de la rentabilidad, como ya hemos visto, permite relacionar los recursos generados (beneficios) por la empresa con los activos utilizados (inversiones) en su creación, pero también con los recursos que han financiado la obtención de esos activos (recursos propios y ajenos).

La cuenta de resultados analítica, junto con la información que ofrece el balance referente a activo empresarial, fondos propios y nivel de endeudamiento, permite estudiar la productividad del activo, es decir, la rentabilidad económica y la de los capitales propios, la rentabilidad financiera.

Análisis de la rentabilidad económica o de activo o de los capitales totales

Este análisis pone en relación los beneficios obtenidos por la empresa con el total de los recursos utilizados por la misma, tanto propios como ajenos.

Es decir:

RE = BAIT (Beneficio Antes de Intereses y Tributos)/Total activo

O dicho de otra manera, se estudia el rendimiento del activo analizando el beneficio conseguido con la inversión realizada.

Cuanto mayor sea este ratio mayor será el rendimiento con su activo.

Un aumento de la rentabilidad económica se puede conseguir aumentando el margen sobre ventas (mediante el aumento de los precios y/o la reducción de los costes) o bien aumentando la rotación del activo, es decir, las ventas totales conseguidas por la empresa en relación con sus activos, o mediante el aumento de los dos factores.

 **Ejemplo**

Un hotel o un restaurante tendrán que actuar sobre el margen de ventas (incrementando el precio de una habitación o el precio del menú degustación) para mejorar la rentabilidad económica debido a su capacidad limitada de prestaciones de servicios.

Análisis de la rentabilidad financiera o de los capitales propios o globales

La rentabilidad financiera o del capital relaciona el beneficio neto logrado con los capitales propios de la empresa.

Es decir:

$$RF = BN \text{ (Beneficio Neto)/Capitales propios}$$

Compara el BN con las aportaciones de los propietarios, lo que permite analizar la gestión de la empresa.

En ella influirá:

- La capacidad de la empresa para generar beneficios con los cuales remunerar a todos los capitales invertidos o utilizados, es decir, la rentabilidad económica.
- La cuantía del capital ajeno utilizado y su coste.

El efecto que ejercen las deudas sobre este ratio es lo que se conoce como **apalancamiento financiero.** Y ocurre que:

- Cuando el coste del endeudamiento (i) es menor a la RE, la RF será mayor a la RE y por lo tanto se dará un apalancamiento positivo.
- Cuando el coste del endeudamiento (i) es mayor a la RE, la RF será menor a la RE y por lo tanto se dará un apalancamiento negativo.

Es decir, las deudas ejercen sobre la RF un efecto similar al de una palanca, incrementándola si RE es mayor que i, o disminuyéndola si RE es menor que i. A este efecto se le denomina **apalancamiento financiero.**

A la hora de analizar el endeudamiento sobre la entidad, habrá que comparar la rentabilidad del activo con el coste de la deuda.

 Recuerde

El efecto apalancamiento sobre los resultados de la explotación es positivo cuando el rendimiento del capital propio supera el del activo total, y negativo al contrario.

El Coeficiente de apalancamiento financiero se calcula de la siguiente forma:

Coeficiente de apalancamiento financiero = RF/RE

Si RE = RF, el Apalancamiento será igual a 1 (será indiferente).

Si RE es menor que RF, el Apalancamiento será mayor a 1 (será positivo).

Si RE es mayor que RF, el Apalancamiento será menor a 1 (será negativo).

Por tanto, en principio, cuanto mayor sea la proporción de capital ajeno utilizado, mayor será la rentabilidad, aunque si este capital es de alto coste, incidirá sobre el beneficio neto a través de la cuenta de resultados. Por otra parte, el aumento de capital ajeno disminuye la autonomía financiera de la empresa y su utilización tiene un límite.

Análisis de la rentabilidad de las ventas

En el análisis económico de la empresa, resulta muy útil estudiar la rentabilidad en relación a las ventas.

Es decir:

$$Rv = BAIT \text{ (Beneficios Antes de Intereses y Tributos)}/Ventas$$

Se le conoce también como **margen comercial,** y se expresa generalmente en porcentaje.

En él pueden influir, y por lo tanto hacerlo variar, dos factores muy distintos: los precios unitarios (factor comercial) y los costes unitarios (factor industrial).

 Aplicación práctica

Supóngase una empresa que vende cien unidades de su producto a 20 unidades monetarias la unidad, obteniendo un beneficio por unidad de 5, con unos costes totales unitarios de 15. ¿Cuál sería la rentabilidad que esta empresa está obteniendo sobre sus

Continúa en página siguiente >>

<< Viene de página anterior

ventas? ¿Y cuál si redujese los costes de 15 a 10? ¿Y si aumenta el precio de venta a 30 unidades monetarias?

SOLUCIÓN

$$Rv = (500/2000) \times 100 = 25\ \%$$

Si redujese los costes de 15 a 10, el beneficio unitario sería de 10 y de 1000 el beneficio total. La rentabilidad entonces sería:

$$Rv = (1000/2000) \times 100 = 50\ \%$$

Pero si en vez de reducir los costes, aumenta el precio unitario a 30. La rentabilidad sería:

$$Rv = (1500/3000) \times 100 = 50\ \%$$

Es decir, se consigue el mismo resultado influyendo en dos factores distintos.

Este ratio es muy útil comparado con el del **margen bruto.**

Siendo el margen bruto:

$$Margen\ Bruto = (Ventas\text{-}Costes\ de\ Ventas/Ventas) \times 100$$

Ya que si el margen bruto permanece constante a lo largo de los años, pero el margen comercial desciende, indicará un aumento de los gastos en relación a las ventas. Pero si, por el contrario, es el margen bruto el que desciende, significa que el coste de producción aumentó en relación al precio de venta, bien por el descenso de los precios de venta, bien por una menor eficiencia operativa.

Rotación

No es un ratio de rentabilidad, pero sí un ratio muy estudiado en el análisis económico de la empresa, ya que relaciona las ventas con el activo total. Su fórmula es, por lo tanto, la siguiente:

$$\text{Rotación del activo} = \text{Ventas/Activo total}$$

Este ratio indica el número de unidades monetarias vendidas por cada unidad monetaria invertida en el activo, y expresa, por lo tanto, la eficiencia relativa de la empresa en la utilización de sus recursos para generar ingresos.

El incremento de este ratio puede deberse a un aumento de las ventas en mayor proporción al activo, o a una reducción del activo en mayor proporción que las ventas.

Es decir, una empresa que consiga reducir sus inversiones conseguirá un valor superior para este ratio, lo que se traducirá en la obtención del mismo beneficio con un volumen menor de inversión, lo que se traducirá a su vez en un aumento de su rentabilidad.

6. Resumen

El análisis económico de las empresas y áreas de alojamiento informa acerca del movimiento interno de valores, es decir, el "movimiento económico" o proceso de transformación de los factores de producción o el seguimiento de los gastos a incorporar como costes de los servicios a prestar.

La cuenta de resultados analítica, es decir, aquella que se realiza dentro de la contabilidad de gestión o interna, para el gestor de la empresa, tiene la siguiente estructura:

Ventas Netas
- Coste de Ventas
= Margen Bruto
- Gastos de Estructura
= BAIT
- Intereses de las deudas
= BAT
- Tributos
= BN

El **cálculo de costes** es de una gran importancia para conocer mejor la empresa y para tomar decisiones fundamentadas.

Son costes los consumos, valorado en dinero, de bienes y servicios necesarios para la producción.

Se clasifican en: externos o internos; fijos, variables o semifijos o semivariables; directos o indirectos; estándar o históricos; de actividad o subactividad; marginal y de oportunidad. Se pueden calcular mediante el método de *full-cost* o el método *direct-costing.*

El consumo se define como el gasto de materias primas que se hace en la producción de un bien o un servicio.

La **productividad** es un indicador del óptimo uso que se le está dando a los recursos en una producción.

El **punto muerto de explotación** o punto de equilibrio o umbral de rentabilidad es aquella cifra de ventas en que la empresa cubre únicamente sus gastos con la cifra de ventas, y por tanto no obtiene ni beneficios ni sufre pérdidas. Es decir, donde Ventas = Gastos Totales

También, con hojas de cálculo, podremos calcular índices como el umbral de rentabilidad.

Los ratios son unidades de medida, que en ocasiones suelen expresarse en forma de porcentaje, útiles para observar la evolución de la empresa y compararla con otras. Se clasifican en: financieros y económicos.

Se considera **margen** la diferencia resultante entre la cifra de ingresos alcanzada y el coste de los productos o servicios vendidos, mientras que el **resultado** es la pérdida o beneficio obtenido por la empresa en un tiempo determinado.

El ratio de **la rentabilidad** es aquel que estudia la óptima utilización de los recursos, mediante la siguiente fórmula matemática:

Rentabilidad = Beneficio/Capital Invertido

Ejercicios de repaso y autoevaluación

1. Relacione los siguientes elementos:

    a. Coste
    b. Pago
    c. Gasto
    d. Inversión

    __ Supone una salida de dinero.
    __ Se refiere a la adquisición de elementos necesarios para el desarrollo de
    la actividad.
    __ Es un concepto del ámbito externo.
    __ Es un concepto del ámbito interno.

2. Un hotel tiene 100 habitaciones. El precio de la habitación es de 10 unidades monetarias, sus costes fijos son de 300 unidades monetarias y el coste variable unitario
es de 5 unidades monetarias. ¿Qué cantidad de habitaciones como mínimo deberá
vender para encontrar el punto de equilibrio?

    _____
    _____
    _____
    _____

3. ¿Es lo mismo productividad que producción? Razone su respuesta.

    _____
    _____
    _____
    _____

4. Complete:

    a. Los costes fijos, también denominados de _____,
    son en los que incurre la empresa con _____ de su
    producción.

b. El método de las secciones homogéneas pretende racionalizar los
_____, a través de la división de los diferentes
_____ de la empresa en secciones homogéneas.

c. El punto de equilibrio es aquella cifra de _____ en
que la empresa cubre únicamente sus _____ con la
cifra de ventas, y por tanto no obtiene ni _____ ni
sufre _____.

5. **Calcule las existencias finales y su valor al día 15 de marzo del año XXXX con el Método Precio Medio Ponderado, sabiendo que se han producido las siguientes entradas y salidas del almacén del artículo "Filetes de lenguado congelado". El inventario inicial a 1 de enero del año XXXX, es de 500 pociones a 5 € cada una.**

Movimiento de almacén frigorífico:

- Día 15-01: salen de cocina 100 unidades.
- Día 31-01: salen de cocina 300 unidades.
- Día 02-02: entran en el almacén congelador 500 unidades a 4 €/unidad.
- Día 15-02: salen de cocina 300 unidades.
- Día 28-02: salen a cafetería 220 unidades.
- Día 01-03: entran en el almacén congelador 700 unidades a 5,50 €/unidad.
- Día 15-03: salen a cocina 300 unidades.

	Unidades	Valor/unidad	Valor Total
Existencias iniciales			
Salidas enero			
Disponibles			
Entradas 02/02			
Disponibles			
Salidas febrero			
Disponibles			
Entradas 01/03			
Disponibles			
Salidas 15/03			
Existencias finales 15/03			

6. ¿Qué dos métodos de cálculo de costes existen? Descríbalos brevemente.

_____

_____

_____

_____

7. La rentabilidad...

    a. ... es la diferencia resultante entre la cifra de ingresos alcanzada y el coste
    de los productos o servicios vendidos.
    b. ... es la pérdida o beneficio obtenido por la empresa en un tiempo deter-
    minado.
    c. ... estudia la óptima utilización de los recursos.

8. Los Costes variables son:

    a. Los que varían con el nivel de producción.
    b. Aquellos en que incurre la empresa con independencia de su nivel de
    producción.
    c. Los que fácilmente se pueden asignar o imputar a un determinado producto
    o departamento.

9. En el Método FIFO se valoran las salidas...

    a. ... al precio de las últimas unidades en entrar al almacén.
    b. ... por el precio medio ponderado del total de las existencias en almacén.
    c. ... al precio de las unidades más antiguas del almacén.

10. El *snack-bar* del Hotel Marina tiene una capacidad máxima de 160 clientes diarios y está abierto durante 364 días al año. Se calcula que el año próximo va a trabajar por término medio a un 70 % de su capacidad y que el precio medio de las comidas va a ser de 20 €. Los costes de mano de obra supondrán un 25 % de los ingresos y los gastos variables el 15 %, el coste de los alimentos el 40 % y los gastos fijos 72.000 €. Calcule el Beneficio antes de impuestos (BAT) previsto para el año.

_____
_____
_____
_____

11. Diga si es verdadera o falsa la siguiente afirmación:

Toda empresa bien gestionada debe procurar que los gastos fijos sean los menos posibles y aumentar la importancia y el volumen de los costes variables, ya que los costes variables existirán siempre y cuando haya una producción que los necesite.

☐ Verdadero
☐ Falso

12. El análisis económico de un hotel arroja los siguientes datos:

Año 1:

- Ventas 1.000.000 € (p = 50 € x q = 20.000)
- CV = 300.000 € (CVu = 15 x q = 20.000)
- CF = 500.000 €

Año 2:

- Ventas 2.000.000 € (p = 50 € x q = 40.000)
- CV = 600.000 € (CVu = 15 x 40.000)
- CF = 500.000 €

Calcule el beneficio obtenido cada año y estudie su apalancamiento operativo.

Capítulo 5

La organización en los establecimientos de alojamiento

Contenido

1. Introducción

En la actualidad, la industria hotelera constituye una pieza clave y fundamental dentro del sector turístico, cuya modernización y desarrollo necesita de la estructuración de una política turística de ordenación y fomento basada en la continua renovación de las infraestructuras y servicios de los establecimientos de alojamiento turístico.

Por ello, los establecimientos deben ser un objetivo preferente del sector público y del privado, como productos que impulsen un turismo competitivo motor de la economía.

Para ello, la planta de alojamientos hoteleros debe girar en torno a los criterios de calidad total, es decir, de sus servicios y de sus instalaciones, calidad en el empleo y garantía ante los huéspedes, siempre bajo el concepto de la sostenibilidad social, económica y ambiental del desarrollo turístico.

Paralelamente, es preciso potenciar la calidad interna de los servicios y recursos comercializados, entendida esta como la mejora en la organización y gestión de los mismos y mejora en la calidad del empleo, todo con el objetivo último de la plena satisfacción de los huéspedes, en cuanto a los servicios que recibe, a su calidad ambiental y la de los destinos que visita.

2. Interpretación de las diferentes normativas sobre autorización y clasificación de establecimientos de alojamiento

En los años 60, con el *boom* turístico que se produjo en España, comienza la construcción masiva de establecimientos de alojamiento turístico, principalmente de hoteles, situados sobre todo en las zonas costeras, y de grandes dimensiones. Esta expansión caótica de la oferta, con consecuencias tales como la degradación del medioambiente o la masificación, sin control ni planificación, condujo en 1965 a la regulación de la misma por parte de la Administración pública. Es entonces cuando se instaura un amplio marco legislativo que evidencia la importancia que estaba tomando el sector en nuestro país.

Posteriormente, con el traspaso de las competencias a las comunidades autónomas, se produce un acercamiento a la realidad de cada zona, si bien causa también una disparidad de criterios en la reglamentación de la oferta, que se refleja en una falta de unidad, necesaria para ser más competitivos en los mercados internacionales.

A nivel estatal los establecimientos han estado regulados por:

■ **El Real Decreto 1634/1983, de 15 junio de Ordenación de los establecimientos hoteleros.** En él, se regulaban y definían como establecimientos hoteleros a todas aquellas empresas y establecimientos dedicados de modo profesional y habitual al alojamiento de personas mediante precio, excepto la simple tenencia de huéspedes con carácter estable y los apartamentos turísticos. Y hacía una primera clasificación de los establecimientos hoteleros en dos grupos:

  ▪ Grupo primero: hoteles (hoteles, hoteles-apartamentos y moteles).
  ▪ Grupo segundo: pensiones.

■ **La Orden del Ministerio de Información y Turismo de 17 de enero de 1967 por la que se aprueba la ordenación de apartamentos, bungalows y otros alojamientos similares de carácter turístico.** Esta norma surge por la necesidad de regular aquellas nuevas modalidades de alojamientos turísticos, distintas a la tradicional hotelera, que se venían explotando bajo un régimen hotelero, en el caso de prestar servicios complementarios, o bajo un régimen de arrendamiento, en el caso de no prestar servicios complementarios. Son los sujetos de esta regulación todos los apartamentos, *bungalows,* villas o establecimientos similares en los que de modo habitual se ejerza la actividad de facilitar alojamiento a las personas mediante precio, en condiciones de mobiliario, equipo, instalaciones y servicios que permitan su inmediata utilización.

■ **El Real Decreto 2877/1982, de 15 de octubre, de ordenación de apartamentos turísticos y de viviendas turísticas vacacionales.** Tenía como finalidad principal la de adaptar la normativa a la realidad del mercado, definiendo la figura de vivienda turística vacacional a las unidades aisladas de los bloques o conjuntos de apartamentos, y los conjuntos de villas, chalés, *bungalows* y similares y, en general cualquier vivienda que, con independencia de sus condiciones de mobiliario, equipo, instalaciones y servicios, se ofrezca en régimen de alquiler por motivos vacacionales o turísticos, con lo que se permitiría la regularización de numerosos alojamientos que estaban en el mercado y no cumplían las circunstancias que calificaban a los apartamentos turísticos.

- **La Orden del Ministerio de Información y Turismo de 28 de junio de 1966 de ordenación turística de los campamentos de turismo.** Debido a la importancia que la práctica del *camping* estaba adquiriendo en nuestro país como actividad turística y para adaptar la normativa por entonces vigente sobre la ordenación de la actividad campista, surge esta disposición, que define a los campamentos de turismo como aquellos terrenos debidamente delimitados y acondicionados para facilitar la vida al aire libre, en los que se pernocta bajo tienda de campaña, en remolque habitable o en cualquier elemento similar fácilmente transportable.

Todas estas disposiciones, que iniciaron las pautas para la ordenación turística de los distintos establecimientos de alojamiento turístico, ya que anteriormente había confusión y profusión de figuras, han sido anuladas por **el Real Decreto 39/2010, de 15 de enero,** por el que se derogan diversas normas estatales sobre el acceso a actividades turísticas y su ejercicio.

 Nota

Debido a la atribución que los Estatutos de Autonomía hacen a las diferentes comunidades autónomas de materia de promoción y ordenación del turismo, la aplicación de estas regulaciones a nivel nacional ha quedado supeditada a las normas autonómicas, quedando la estatal para su aplicación en aquellas comunidades autónomas que no hubieran regulado esta materia y como principio rector para la elaboración de las normativas autonómicas.

3. Tipología y clasificación de los establecimientos de alojamiento

La primera clasificación que se hace de los establecimientos es distinguirlos entre turísticos o no turísticos:

- **Los establecimientos de alojamiento turístico** son aquel tipo de establecimientos que facilitan alojamiento, de forma habitual y profesional, con o sin otros servicios complementarios, que están sujetos a clasificación y que, además de tener publicados los precios, perciben dinero en contraprestación por los servicios que prestan.
- **Los establecimientos de alojamiento no turístico** son los que no entran dentro de la anterior definición, como por ejemplo los hospitales, residencias, cárceles, colegios, etc.

Además, los establecimientos de alojamiento turístico:

- Precisan de autorización administrativa para su explotación.
- Debe existir un contrato no sujeto a la LAU (Ley de Arrendamientos Urbanos).

Y se clasifican en:

1. **Establecimientos de alojamiento turístico hotelero:** es decir, hoteles, hoteles apartamentos, hostales, pensiones, y todos aquellos hoteles con especialización, como los paradores, clubs, *resorts,* etc.
2. **Establecimientos de alojamiento turístico extrahotelero:**

  - Apartamentos turísticos.
  - Inmuebles de uso turístico de aprovechamiento por turnos (tiempo compartido o multipropiedad).
  - Campamentos de turismo o *camping.*
  - Alojamientos rurales.
  - Balnearios.
  - Ciudades de vacaciones.
  - Residencias de tiempo libre.
  - Viviendas turísticas.

 Nota

Las diferencias entre los establecimientos hoteleros y los extrahoteleros radican en sus elementos tangibles, como el propio edificio o el grado de urbanización, y en sus elementos intangibles, es decir, los servicios que ofertan.

 Ejemplo

Algunos ejemplos de las diferencias que mencionamos más arriba son:

I Los *campings* y los alojamientos rurales están menos urbanizados que los hoteles (elemento tangible: grado de urbanización).
I Los alojamientos rurales ofertan unos servicios de mayor contacto con la naturaleza y práctica de deportes de aventura, a diferencia de los tradicionales hoteleros (elemento intangible: servicios).

Veamos ahora cada una de las tipologías.

3.1. Hoteles y apartahoteles

El R. D. 1634 definió a los hoteles como aquellos establecimientos que facilitan alojamiento con o sin otros servicios complementarios, distintos a los de las otras dos modalidades (apartahoteles y pensiones).

Son los establecimientos que cuentan con una mayor variedad de servicios, variando estos según su categoría.

La diferencia entre los hoteles y los apartahoteles reside básicamente en la unidad de alojamiento, es decir, lo que llamamos habitación, ya que en los apartahoteles además de una o más habitaciones, ofrecen salón y las instalaciones necesarias para la elaboración y conservación de alimentos.

Se califican ambos entre una y cinco estrellas y cinco estrellas Gran Lujo, además de por los servicios que ofertan, en función de la superficie de las unidades de alojamiento, salones y demás instalaciones.

Ejemplo de placa distintiva de hotel 5 estrellas Gran Lujo

 Nota

En España, la regulación y clasificación por estrellas de los hoteles es competencia de cada comunidad autónoma, y son estas las que definen los requisitos técnicos y las condiciones que deben cumplir los hoteles para obtener una determinada categoría de estrellas.

En algunas comunidades, la calificación de estrellas puede ir acompañada de Superior, para el caso de los establecimientos de tres y/o cuatro estrellas, o de Lujo, para los de cinco estrellas.

Deben mostrar en la puerta de acceso al establecimiento una placa de color azul con una letra en blanco, una H en el caso de los hoteles y una HA en el caso de los apartahoteles.

Algunas comunidades autónomas, además de las categorías, les atribuyen a los hoteles y apartahoteles, especialidades y modalidades, del tipo: de turismo familiar, hospedería, urbano, emblemático, rural, de carretera, de playa, de montaña, etc.

Ejemplo de placa distintiva de hotel

3.2. Pensiones

La diferencia principal entre los hoteles y las pensiones es la menor oferta de servicios e instalaciones, tanto en cantidad como en calidad.

Dentro de este grupo, se engloba a todos aquellos establecimientos con una oferta similar y que se vienen denominando como hostales, fondas y casas de huéspedes.

Al igual que en los hoteles y apartahoteles, las pensiones deben mostrar en la puerta de acceso al establecimiento una placa de color azul con una letra en blanco, pero en este caso la letra será una P.

Placa distintiva de pensión

 Nota

En algunas comunidades autónomas, este grupo de establecimientos se califica con dos categorías, es decir, una o dos estrellas, mientras que en otras, solo se contempla para ellas una única categoría.

3.3. Apartamentos turísticos

Son apartamentos turísticos las edificaciones permanentes que están compuestas por un conjunto de unidades de alojamiento destinadas a prestar el servicio de alojamiento turístico, que cuenten con mobiliario e instalaciones adecuadas para la conservación, elaboración y consumo de alimentos y bebidas dentro de cada unidad de alojamiento, así como con los servicios y suministros adecuados que permitan su ocupación inmediata, y que se puedan alquilar por días, semanas o meses.

Se distinguen tres tipos de apartamentos turísticos:

- Los **apartamentos,** que suelen encontrarse en edificaciones verticales.
- Los *bungalows,* casa pequeña y generalmente de una sola planta, generalmente en *campings* y *resorts,* y que ofrece comodidades básicas para una estancia.
- Las **villas,** son un tipo de alojamiento que generalmente es una casa independiente, con jardín o patio, y que se alquila para uso vacacional.

La placa distintivo que deben mostrar en su entrada será de color rojo llama, con las letras en color oro AT.

Lo más habitual es que se califiquen con llaves, desde una hasta cuatro, correspondiendo estas a las categorías de primera, segunda, tercera o Lujo.

Pero en otras comunidades, se clasifican de diferente forma (en las Islas Canarias se califican al igual que en los hoteles con estrellas, desde tres hasta cinco.)

Ejemplo de placa distintiva de apartamento turístico

3.4. Inmuebles de uso turístico en régimen de aprovechamiento por turnos

Los inmuebles de uso turístico en régimen de aprovechamiento por turnos o alojamientos en régimen de uso compartido, han sido, en muchos casos, mal llamados "multipropiedad" o "apartamentos de tiempo compartido".

Están regulados a nivel estatal por la Ley 4/2012, de contratos por turno de bienes de uso turístico, de adquisición de productos vacacionales de larga duración, de reventa y de intercambio y normas tributarias. Se puede definir como el ejercicio, transmisión y extinción del derecho de aprovechamiento por turno de bienes inmuebles, que atribuye a su titular la facultad de disfrutar con carácter exclusivo, durante un período específico cada año (no inferior a siete días seguidos, siendo todos los turnos de la misma duración), un alojamiento susceptible de utilización independiente, dotado permanentemente de mobiliario adecuado y de servicios complementarios.

 **Nota**

A los inmuebles de uso turístico en régimen de aprovechamiento por turnos se les conoce con el nombre de *Timesharing* (tiempo compartido).

3.5. Campamentos de turismo o *campings*

Son los establecimientos que se caracterizan por tratarse de un espacio de uso público delimitado y vallado, en el que se pernocta en alojamientos que suelen ser móviles, y que permite el disfrute del ocio al aire libre, el contacto con la naturaleza y fomenta las relaciones sociales.

Se califican en las categorías de lujo, primera, segunda y tercera, y su distintivo es una tienda de campaña.

Ejemplo de placa distintiva de *camping* de primera

Las nuevas tendencias han introducido en estos espacios nuevas formas de alojamiento como pueden ser las *mobil home,* los *bungalows,* o los llamados *glamping.*

Bungalow

3.6. Alojamientos rurales

En este tipo de alojamientos, la diversidad de denominaciones es muy amplia, según en la comunidad autónoma que nos encontremos. Así, podemos encontrar masías, casas de pueblo, casas de labranza, casas rurales, cortijos, casonas, pazos, posadas, casas de aldea, etc.

Pero a pesar de la diversidad terminológica, derivada de las diversas legislaciones, a todas ellas se les suele exigir una serie de requisitos, tales como:

- Que la edificación sea típica del lugar.
- Que tenga una cierta antigüedad.
- Que no se sitúe en explotaciones forestales, agrícolas o ganaderas.
- Un número limitado de plazas.
- Un número limitado de habitantes en la población o zona donde se encuentre el establecimiento.
- Que el propietario resida en las inmediaciones del establecimiento, en la misma casa, en el pueblo o en la comarca.

Alojamiento rural

 **Nota**

Los alojamientos rurales, según la comunidad autónoma, utilizan distintivos diferentes.

3.7. Balnearios

Para algunas comunidades autónomas, son un tipo más de alojamiento turístico, en algunos casos hoteleros, y para otras no son propiamente un establecimiento de alojamiento turístico. Pero lo que sí está claro es que estos centros termales con sus instalaciones con fines terapéuticos, aguas minero-medicinales, tratamientos termales u otros medios físicos naturales, cada día están adquiriendo una mayor importancia en los períodos vacacionales y de ocio de nuestra sociedad.

Así, dos figuras, aparecen caca vez más en los establecimientos de alojamiento turístico como un servicio indispensable: el *spa* y el *wellness center.*

 Nota

El *spa (salutem per aqua)* es una instalación en la que el agua es el elemento principal de sus tratamientos y oferta (piscinas, chorros, duchas, etc.). Y el *wellness center* aúna gimnasio, saunas, masajes, belleza, etc.

3.8. Ciudad de vacaciones

Están reguladas a nivel estatal por la Orden de 28/10/1968 (derogada parcialmente por diversas normativas posteriores), y se definen como aquellos establecimientos cuya situación, instalaciones y servicios permiten a los clientes el disfrute de vacaciones en contacto con la naturaleza, facilitando a un precio alzado el hospedaje en pensión completa, junto con la posibilidad de practicar deportes y participar en diversiones colectivas.

Se califican con tres categorías: de primera, segunda y tercera categoría, cuyo distintivo son tres, dos y una estrella.

Ciudad de vacaciones

3.9. Residencias de tiempo libre

Son alojamientos propiedad de sindicatos o de otros organismos públicos o privados, y a pesar de que no están reguladas por la administración turística, son establecimientos de gran importancia para el sector, ya que prestan un servicio de turismo social.

3.10. Viviendas turísticas

Son los inmuebles, cuyo uso se cede mediante precio con habitualidad, en condiciones de inmediata disponibilidad, y con fines turísticos, vacacionales o de ocio.

Son una tipología que cada vez más se está regulando por parte de las comunidades autónomas para evitar la competencia desleal, posibles situaciones de clandestinidad, así como para potenciar y asegurar la calidad de estos establecimientos y contribuir, por tanto, a la profesionalización del sector.

4. Naturaleza y propósito de la organización y relaciones con otras funciones gerenciales

Organizar significa ordenar, crear una estructura y dotar de los medios necesarios para que se puedan cumplir los fines que se han programado.

La organización será siempre un sistema al que correspondan especialmente unos objetivos.

Ese sistema, formado principalmente por personas, debe estar regulado por un conjunto de normas que establezcan el marco estable y comprensible que les permita trabajar en la persecución de los fines establecidos. Y es tarea gerencial buscar la forma de crear ese marco o estructura organizacional que implicará la especialización del trabajo, establecer una cadena de mando y la departamentalización.

Además de las personas que trabajan en ella, la organización estará formada por:

- Los elementos de trabajo (tecnología, maquinaria, etc.).
- Elementos generales:

  - La autoridad y jerarquía.
  - La responsabilidad de cada uno.
  - La concreción profesional.
  - La flexibilidad para ajustarse a los cambios o a cada momento.
  - Los límites de tamaño (cuanto más sencilla es la organización, mejor).

Así, podemos definir a la organización en el ámbito empresarial como la forma en que las empresas disponen sus medios, materiales y humanos, al tiempo que establecen reglas para alcanzar las metas propuestas bajo criterios de eficiencia.

Pero no debemos confundir empresa con organización, no son lo mismo. Es decir, la organización actúa en nombre de la empresa, y la organización existe porque la empresa tiene unos objetivos que cumplir. Pero los objetivos de ambas no serán los mismos.

 **Nota**

Las organizaciones son simplemente medios para alcanzar fines colectivos a través de las capacidades de los individuos que la constituyen. Los objetivos de la organización son pues los hitos hacia donde se dirigen las energías y los recursos de la organización.

Según Peña Baztán, destacado autor y docente especializado en la gestión de personal y técnicas organizacionales:

La organización tiene dos vertientes claramente diferenciadas: la horizontal, consecuencia directa de la división del trabajo, y la vertical, que representa el deseo de alcanzar los mismos objetivos.

Todo proceso organizativo debe establecer:

1. Las tareas que deben acometerse.
2. Quiénes han de realizarlas.
3. Quiénes son los responsables de cada departamento.
4. Cuándo deben cumplirse las tareas.

Y debe tener en cuenta los siguientes principios generales:

1. **Principio de unidad:** se debe perseguir la unidad de objetivos, procedimientos y recursos.
2. **Principio de la autoridad por especialidad:** es aquel por el que se reconoce al jefe o superior la mayor capacidad para decidir. Defiende la toma de decisiones basada en la especialización.
3. **Principio de la autoridad compartida o de delegación:** concilia los dos primeros principios, aunando mando y especialización. Muy útil en grandes empresas. Es necesario delegar funciones y responsabilidades.

4. **Principio de especialización:** cada vez es más necesaria la división del trabajo, lo que hace más eficaces a las personas y, por extensión, más eficientes a las empresas.

5. **Principios de motivación y participación:** estrechamente relacionados, ya que al permitir la participación en la toma de decisiones se motiva al personal.

Además de estos principios, se deben tener en cuenta otros factores también:

- Los objetivos propuestos.
- El sector al que pertenece la empresa.
- La formación y grado de especialización del personal.
- La estabilidad del mercado.
- El tamaño de la empresa.

En toda empresa, se dan simultáneamente dos tipos de organización:

a. La **formal,** es decir, aquella estructura bien definida caracterizada por la relación de autoridad, concreción de canales de comunicación y sistemas de ejecución, con responsabilidades y eficacias definidas y exigidas.

b. La **informal,** es decir, la flexible y espontánea que surge por la relación entre los empleados que comparten inquietudes, aficiones, etc.

Y pueden adquirir una u otra estructura. Estas se clasifican en:

- **Clásicas:**

  - Jerárquica o lineal: tiene una única línea directa de autoridad, desde lo más alto de la pirámide a los niveles más bajos.
  - Funcional o piramidal: la autoridad se ejerce sobre las actividades y sobre las personas. Con ella, nace la departamentalización, la especialización y la delegación de autoridad.
  - Mixta: combina la jerárquica y la lineal.

■ **Modernas:**

▪ Por proyectos: la empresa simultanea varios proyectos que se encuentran en diferentes fases de desarrollo.
▪ Matriciales: combina la estructura funcional y la estructura por proyectos.
▪ En redes: consiste en la unificación de varias empresas cada una en su especialidad.

El sector turístico se ha caracterizado hasta por:

■ Estructuras rígidas.
■ Organizaciones centralizadas.
■ Organizaciones muy jerarquizadas.
■ Esquemas operativos simples.

Y las estructuras más comunes adoptadas en él son:

1. Lineal: se aplica principalmente en empresas de pequeño tamaño, de tipo familiar e independiente, y que cuentan con una plantilla de gran confianza.
2. Funcional: se da en empresas de tamaño medio y grande, como las cadenas hoteleras, donde es necesaria la especialización.

En la actualidad, la tendencia de las empresas de pequeño tamaño del sector, se dirige hacia el asociacionismo, forma en que la mayoría de ellas intentar sobrevivir en un mercado cada vez más competitivo, mientras que las de tamaño medio y grande se dirigen hacia una estructura de tipo mixto.

 Aplicación práctica

La cadena de hoteles COSPA, especializada en hoteles de costa con instalaciones de *spa,* tiene establecimientos en la costa andaluza y los dos archipiélagos. Exponga cómo sería su estructura organizativa si existe un director general que coordina y controla

Continúa en página siguiente >>

<< Viene de página anterior

todos los establecimientos del territorio español, los hoteles se agrupan por zonas geográficas y a cada zona geográfica le corresponde un departamento comercial, otro de administración, y otro de recursos humanos.

SOLUCIÓN

La estructura quedaría de la siguiente forma:

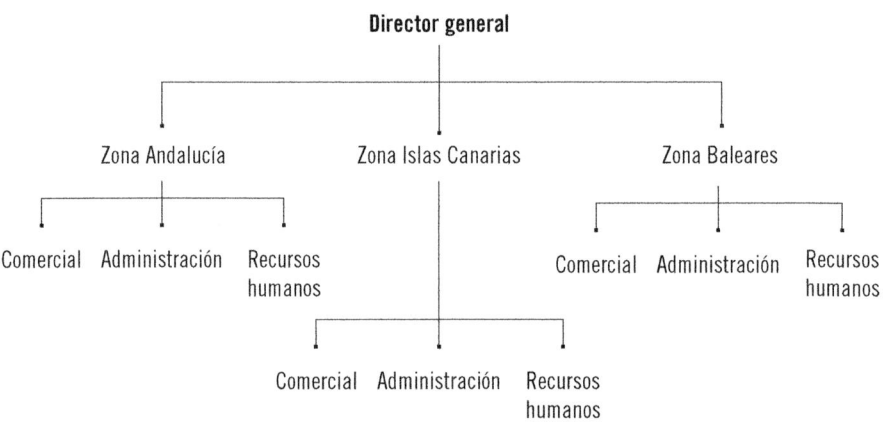

Ya sabemos que las funciones administrativas de la dirección de cualquier empresa, es decir, las que están encaminadas a poner en práctica todo lo necesario para la consecución de los objetivos marcados, son las siguientes:

- Planificación
- Organización
- Coordinación y control

La función de organización, junto con todas las demás, debe estar perfectamente integrada dentro de la dirección ya que, para organizar, lo primero que debe hacer la empresa es determinar un plan de acción para alcanzar los objetivos marcados, es decir, **planificar.**

Posteriormente, con la **organización** se estructuran y coordinan los diferentes recursos del modo más óptimo para desarrollar satisfactoriamente la actividad y cumplir los objetivos marcados.

Y por último, con el **control,** se pone en práctica todo lo planificado, implantando en todo el proceso puntos de control que permitan establecer si los objetivos se van cumpliendo, y en caso contrario aplicar a su debido tiempo las correcciones oportunas.

 Recuerde

Empresa y organización no son la misma cosa. La organización actúa en nombre de la empresa, y la organización existe porque la empresa tiene unos objetivos que cumplir. Pero los objetivos de ambas no serán los mismos.

5. Patrones básicos de departamentalización tradicional en las áreas de alojamiento: ventajas e inconvenientes

Una de las primeras acciones que se deben emprender en la organización de una empresa es su departamentalización, es decir, el proceso de repartir funciones, de la división del trabajo.

Pero esta no debe ser entendida únicamente como el reparto de funciones de una empresa, sino como el sistema de organización de la empresa, en donde hay tantos niveles organizacionales en función de la amplitud que requiera la dirección, es decir, según el número de subordinados que puedan ser dirigidos con eficacia.

El resultado de las unidades organizativas es lo que llamamos **departamento,** que se define como el agrupamiento de actividades o funciones dentro de una organización, pudiendo subdividirse a su vez en otros subdepartamentos.

Son el nivel inferior de la empresa y en él una o varias personas realizan un conjunto de tareas específicas de ejecución, lo que aporta especialización, aunque también tienen inconvenientes, como el coste indirecto que suponen los mandos y la dificultad de la comunicación entre departamentos.

Tipos de departamentalización hay varios, y deberá ser elegido uno u otro tipo teniendo en cuenta las características de nuestra empresa y que este facilite la realización de las actividades y el logro de los objetivos.

Los tipos de departamentalización son los siguientes:

- **Por números simples:** se coloca bajo la supervisión de un supervisor a un determinado número de personas que desarrollan las mismas tareas. Está en desuso ya que la tendencia es hacia la especialización.
- **Por tiempo:** se da en empresas donde la jornada de trabajo es continua durante las 24 horas del día, dividida en turnos, donde se puede o no desempeñar las mismas tareas.
- **Por función:** consiste en agrupar las actividades según las distintas funciones que realiza la empresa (por ejemplo: Departamento de finanzas en contabilidad, tesorería y presupuestos).
- **Por zonas geográficas:** se da en los casos en que la empresa opera en amplias zonas geográficas, en donde un gerente suele dirigir un grupo de determinadas actividades en una zona. Es muy habitual en las cadenas hoteleras.
- **Por tipo de cliente:** se agrupan las actividades en función de los distintos tipos de clientes que presentan necesidades diferentes. Es habitual en las agencias de viajes.
- **Por proceso o equipo:** se basa en la integración de tareas según líneas de producción. Se da en grandes empresas con una departamentalización previa por funciones. Por ejemplo, en algunas empresas de restauración: despiezado, elaboración y envasado.
- **Por productos o servicios:** es el caso de empresas que atienden diferentes productos o servicios y establecen departamentos para cada uno de ellos (por ejemplo, en un hotel: salones, banquetes, incentivos).

La forma de representar gráfica y esquemáticamente la departamentalización de una empresa, es lo que se conoce como **organigrama**.

 **Nota**

En el organigrama se plasman todos los datos de su organización, es decir, las unidades organizativas y las relaciones entre ellas.

Y debe ser elaborado teniendo presente:

- Exactitud y realidad.
- Claridad y sencillez.

Sus propósitos son:

1. Estudiar detenidamente la estructura de la empresa.
2. Que todo el personal conozca su posición en la empresa.
3. Facilitar la realización de modificaciones en la estructura de la empresa.
4. Poner de manifiesto los fallos dados en la estructura.
5. Establecer los responsables de cada área o departamento.
6. Determinar el grado de jerarquización y dependencia.
7. Esquematizar las funciones asignadas a cada unidad.
8. Representar los integrantes de la organización.

Y se clasifican por:

1. El fin perseguido:

   ▪ Informativos: solo representan las grandes unidades en que se estructura la empresa y aporta poca información general.
   ▪ De análisis: comprende la totalidad de la estructura, cada una de sus unidades y las relaciones existentes entre ellas.

2. El contenido:

- Estructurales: representan el armazón de la empresa, es decir, las unidades y sus relaciones.
- Funcionales: incluye las funciones de cada una de las unidades.
- De personal: indica, de cada unidad, la categoría y el nombre del responsable y sus subordinados.

3. La forma:

- Verticales: es la más sencilla. Se representa de arriba abajo.

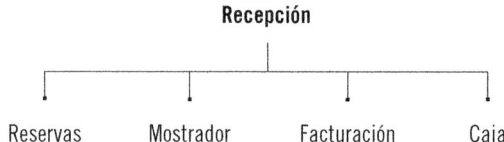

- Horizontales: se representa de izquierda a derecha.

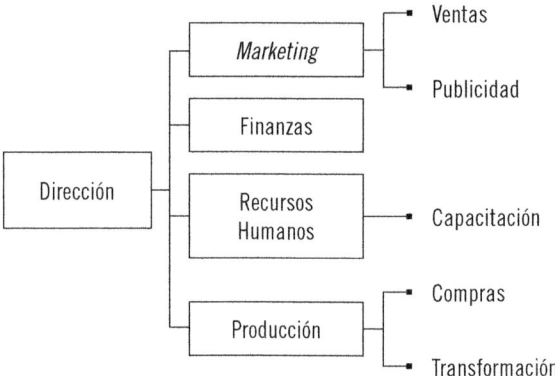

▪ Radiales: sitúa el nivel más alto en el centro. No son muy claros.

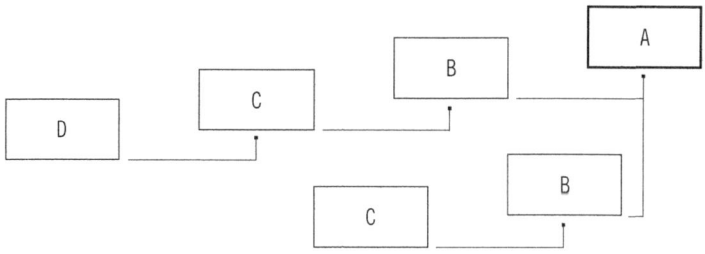

▪ Escalar: es el más utilizado en la organización jerárquica, ya que resalta la línea de mando.

6. Estructuras y relaciones departamentales y externas características de los distintos tipos de alojamiento

Ya hemos comentado que establecer una estructura común a todas las empresas y establecimientos de alojamiento es muy difícil, y que esta dependerá de las características de la misma, como su categoría, su ubicación, su especialización o su tamaño.

Lo que sí se puede establecer es que, a mayor tamaño de un establecimiento, más compleja será su estructura y mayor su especialización departamental.

Igualmente, los establecimientos de mayor categoría tienen plantillas más numerosas con mayor especialización, mientras que en los establecimientos más pequeños o de menor categoría los empleados suelen simultanear funciones.

La estructura de un establecimiento de alojamiento puede tener algunos o todos estos **departamentos:**

- **Dirección.** En los establecimientos de mayor tamaño puede existir la figura de un director/a general, asistido por varios subdirectores. En los hoteles medianos lo normal es la existencia de un director/a y un subdirector/a. Mientras que en los pequeños solo suele existir la figura del director/a.
- **Departamento de alojamiento o habitaciones.** Se suele dividir en:

    - Recepción, que se subdivide en:

        - Mostrador
        - Reservas
        - Facturación o mano corriente
        - Caja

    - Conserjería
    - Pisos:

        - Pisos
        - Lavandería
        - Lencería
        - Limpieza
        - Mantenimiento (puede ser un departamento independiente también)

- **Departamento de alimentos y bebidas** *(food and beverage).* En él se incluyen:

    - Cocina
    - Cocina central

- Cocina de personal
- Cocina de banquetes
- Bares y cafeterías
- Restaurantes (a la carta)
- Comedores (con menú)
- *Room-service*
- Economato almacén y bodega
- Banquetes
- *Pubs*
- Etc.

- **Departamento de mantenimiento, servicios técnicos y seguridad.** Suele estar formado por un jefe de departamento y personal técnico (fontaneros, albañiles, carpinteros, electricistas, jardineros, pintores, etc.).
- **Departamento comercial.** En él se incluyen subdepartamentos como:

  - Publicidad
  - Relaciones públicas (RR. PP.)
  - Ventas
  - Animación (en muchos casos es un departamento independiente)

- **Departamento de administración.** De él dependen subdepartamentos como:

  - Administración
  - Intervención (que controla todo movimiento económico dentro de la empresa)
  - Contabilidad
  - Financiación

- **Departamento de recursos humanos (RR. HH.).** Es el departamento encargado de los contratos y nóminas, y de seleccionar y formar al personal. En establecimientos pequeños y medianos, este departamento no suele existir y de sus funciones se encarga una asesoría laboral externa.

Importante

Las relaciones interdepartamentales (es decir, que se den entre departamentos) y con el exterior son fundamentales para una correcta prestación del servicio, en beneficio del huésped y de la gestión del alojamiento.

A continuación, se muestran ejemplos de las interacciones e intercambio de información y documentos más relevantes que se pueden dar entre departamentos:

- **Reservas** con:

    - Dirección: le informará de la ocupación prevista. A su vez, dirección le informará de políticas de precios, estrategias empresariales, objetivos generales, etc.
    - Comercial: precios y tarifas, promociones, acuerdos comerciales y *marketing*.
    - Mostrador: listado de llegadas, listado de *no shows* o de atenciones especiales.
    - Conserjería: ocupación prevista y alguna petición de algún servicio especial que hayan solicitado los clientes; listado de clientes VIP o fieles al alojamiento.
    - Caja: llegada de depósitos, prepagos, facturas, etc. Caja expedirá un documento que será adjuntado al expediente de la reserva.
    - Alimentación y bebidas: informará sobre la previsión de comidas, desayunos y otros servicios.
    - Banquetes: listado de reservas confirmadas para diferentes eventos (bodas, reuniones, congresos), gestión de espacio, información sobre el tipo de cliente, etc.
    - Pisos: ocupación prevista, tipología de ocupación, duración de la estancia, preferencias del cliente.
    - Relaciones públicas: listado de llegadas de clientes VIP.

- **Mostrador y conserjería con**:

  - Dirección: listado de ocupación, clientes VIP, reclamaciones, producción de las líneas de servicios, etc.
  - Pisos: previsión de ocupación, salidas previstas, cambio de habitaciones, atenciones especiales a clientes, etc.
  - Servicios técnicos: partes de averías.
  - Reservas: listado de llegadas, hojas de reserva y clientes alojados sin reserva.
  - Caja: le informará a conserjería del abono de las facturas por parte de los clientes.
  - Restauración: listado de huéspedes, llegadas previstas, contratación de regímenes, grupos, atenciones especiales, etc.
  - Comercial: le informa a mostrador de todos los eventos que tendrán lugar en el establecimiento.
  - Relaciones públicas: llegadas de clientes VIP, reclamaciones, etc.
  - Animación: información de las actividades de animación que se realicen en el establecimiento para poder informar al cliente.

- **Facturación con**:

  - Administración: diariamente le envía el parte de producción.
  - Mostrador: actualización de facturas de clientes con cargos nuevos.
  - Caja: cobra las facturas expedidas por facturación y se las devuelve para que efectúe el cierre del día y los cuadres oportunos.
  - Bar, cafetería, lavandería, pisos, etc. (Departamentos de servicios): cuadrará las liquidaciones, comprobará que sean correctos los cargos y las archivará junto con el resto de la documentación de la reserva. También comprobará que el dinero entregado a caja se corresponda con lo abonado por los clientes al contado.

- **Caja con**:

  - Facturación: remite la factura a caja para que esta la cobre, y después esta la devuelve para que se haga el cierre. Facturación y caja hacen el cuadre de producción.

- Conserjería: proporciona a conserjería "vales de caja" si tienen que comprar algo para algún huésped (por ejemplo un periódico o un paraguas).
- Administración: le enviará el arqueo de caja para el cuadre de producción, y administración le reclamará la facturación a crédito.
- Reservas: todo lo relacionado con prepagos o depósitos enviados por los clientes.

■ **Pisos** con:

- Mostrador: información de los clientes hospedados, los clientes con reserva, salida de clientes *(early check-in* o *late check-outs)*, clientes VIP, control de habitaciones, etc.
- Lavandería y lencería: provisión y limpieza de la ropa de pisos y la ropa de clientes.
- Almacén: provisión de material, control de *stock,* vales de pedidos, comprobación de albaranes.
- Servicio técnico: comprobaciones, averías, mantenimiento preventivo y correctivo.

 Recuerde

A mayor tamaño de un establecimiento, más compleja será su estructura y mayor su especialización departamental.

■ **Restaurante** con:

- Cocina: definición de cartas, menús, etc., informar de la composición y elaboración de platos.
- Economato y bodega: suministros y provisiones, *stocks,* caducidades.
- Lencería y lavandería: suministro de mantelería diaria, limpieza de uniformes, etc.

- Dirección: determinación de presupuestos, análisis de objetivos conseguidos, evaluación del seguimiento del servicio.
- Recepción: previsión de pensiones alimenticias, horarios de comidas para grupos, cargo de facturas y liquidación de servicios diarios.
- Conserjería: horario de apertura del comedor, anuncio de celebraciones de banquetes o convenciones, reservas de mesas, etc.
- Comercial: servicios especiales en relación a programas de animación, promoción y publicidad de la oferta, ofertas especiales, etc.
- Personal: turnos, horarios, formación y promoción del personal, contrataciones, etc.
- Administración: verificación de facturas y comandas, elaboración de presupuestos, control de resultados, etc.
- Mantenimiento: reparación y conservación de instalaciones y mobiliario, montaje de instalaciones y equipos para eventos especiales, etc.
- Economato y bodega: suministro de alimentos y bebidas.

- **Y con el exterior:**

  - Con guías locales, guías correo y transferistas: en el primero de los casos, cuando un cliente solicita los servicios de un guía para visitar la ciudad. Con los guías correo la relación será sobre todo en cuanto a la hora de despertar al grupo, el equipaje, etc. Y en el último caso, cuando el cliente solicita la contratación de un transfer o el servicio de un taxi.
  - Con proveedores, en la provisión de materias primas para restauración, utillaje y herramientas, combustible, productos de limpieza, maquinaria, mobiliario, material de oficina, etc.
  - Con agencias de viajes, en la contratación individual (para una o dos personas), de grupos (para varias personas bajo una sola reserva) y de cupo (cuando la agencia contrata una cantidad de habitaciones por un tiempo determinado), bajo comisión.
  - Con otras empresas de servicios como compañías de transporte, restaurantes, etc.
  - Con otras empresas muy relacionadas con el sector turístico, como las compañías emisoras de tarjetas de crédito y de pago. En ellas, la relación está presidida también por el concepto de comisión.

▪ Con otras empresas que no son del sector servicios, que necesitan de alojamiento y otras prestaciones; como por ejemplo una multinacional que necesita de forma habitual alojamiento para sus trabajadores.

7. Diferenciación de los objetivos de cada departamento del área de alojamiento y distribución de funciones

El modelo de organización predominante en el sector hotelero, el denominado lineal, divide a los departamentos en tres tipos: los de *staff*, los operacionales y de servicio:

- Los departamentos de **staff** tienen como objetivo principal asesorar a la dirección. Y pueden ser: recursos humanos, *marketing,* asesoría jurídica, etc. Pueden tratarse de empresas externas contratadas por el hotel.
- Los **operacionales** desarrollan la actividad principal del hotel, por lo que deben ser siempre internos. Ejemplos de ellos son reservas, recepción, pisos o cocina.
- Y los de **servicio** no desarrollan actividades propias de la empresa de alojamiento, pero sí son imprescindibles para el buen funcionamiento de esta. Ejemplos de estos son el departamento de mantenimiento o el de compras.

Veamos ahora los objetivos y funciones de cada uno de ellos.

7.1. Dirección

Su misión principal es alcanzar los fines de la empresa a través de cuatro funciones básicas:

- Planificación, es decir, establecer las políticas, objetivos y presupuestos, así como tomar las decisiones necesarias para conseguirlos.
- Organización, es decir, determinar las estructuras y tareas a realizar.
- Gestión, es decir, conseguir que las personas cumplan sus funciones.
- Control, es decir, comparar la realidad con los objetivos.

7.2. Recepción

Tiene como objetivo la reserva, venta de habitaciones, facturación y atención al cliente. Las funciones de cada uno de sus subdepartamentos son:

- **Reservas** *(booking):*

    - Venta de habitaciones.
    - Control de ventas.
    - Atender posibles reservas.
    - Control de depósitos y anticipos.
    - Confeccionar documentación de reservas.
    - Informar a otros departamentos sobre los clientes con la suficiente antelación.
    - Entrega de documentación a mostrador.
    - Archivar y clasificar la documentación.

- **Mostrador** *(desk):*

    - Planificación y asignación de habitaciones.
    - Control de habitaciones.
    - Supervisión de llegadas previstas.
    - Registro de clientes *(check-in).*
    - Salidas de clientes *(check-out).*
    - Cumplimentar la documentación de recepción.
    - Informar a todos los departamentos.
    - Cambio de habitaciones.
    - Apertura de facturas.
    - Atención e información al cliente durante su estancia.
    - Elaboración de estadísticas.
    - Atención telefónica.

- **Facturación (mano corriente):**

    - Cargo de las consumiciones de los clientes.
    - Control de las facturas.
    - Cuadre de las liquidaciones de los departamentos de venta.

■ Cierre diario (auditoría nocturna).

■ Cálculo de comisiones para las agencias y las entidades de crédito.

■ Cálculo de descuentos.

■ Cierre de facturas.

■ **Caja:**

■ Cobro de facturas.

■ Cambio de moneda extranjera y divisa.

■ Control y alquiler de cajas de seguridad.

■ Confección de liquidaciones de facturas cobradas a crédito y en efectivo.

■ Liquidación de caja y divisa.

■ Cumplimentar la documentación.

■ Autorización de salida de equipaje.

7.3. Conserjería / comunicaciones y atención al cliente

Lo habitual es que esté fusionada junto a recepción. Sus funciones serán:

■ Asistencia en llegada y salidas.

■ Control de viajeros, entradas y salidas.

■ Control de llaves.

■ Recogida, control y entrega de equipajes.

■ Información interna e información al cliente.

■ Correspondencia de clientes.

■ Teléfonos.

■ Control de accesos y *parking*.

■ Mensajes.

■ Reserva de entradas.

■ Venta de varios.

■ Prensa.

■ Servicio despertador.

■ Vigilancia nocturna.

■ Encargos dentro y fuera del establecimiento.

■ Atención telefónica interna y externa.

Recuerde

El modelo de organización predominante en el sector hotelero, el denominado lineal, divide a los departamentos en tres tipos: los de *staff,* los operacionales y de servicio.

7.4. Pisos

Este departamento es el encargado de mantener en perfecto estado de conservación, higiene, orden y limpieza las diferentes habitaciones y estancias comunes del establecimiento. Asimismo, es responsable de la ropa, tanto de clientes como del hotel. Las funciones de cada uno de sus subdepartamentos son:

- **Pisos:**

  - Limpieza, mantenimiento y revisión de las habitaciones.
  - Conservación y control del mobiliario y enseres.
  - Limpieza de zonas nobles y zonas de personal.
  - Cambios de ropa.
  - Atención al cliente.

- **Lavandería:**

  - Lavado y planchado de la ropa del hotel.
  - Control e inventario de la ropa del hotel.
  - Lavado y planchado de la ropa de clientes.
  - Lavado de uniformes del personal.

- **Limpieza:**

  - Limpieza de accesos.
  - Limpieza de áreas públicas.
  - Limpieza de cristales.

7.5. Alimentos y bebidas *(food & beverage)*

Su objetivo básico es prestar el servicio de restauración. Las funciones de cada uno de los subdepartamentos que lo componen son:

■ **Cocina:**

- Previsión diaria de la demanda.
- Petición de suministros.
- Preparación del servicio *(mise en place)*.
- Recepción de comandas.
- Elaboración de comandas.
- Presentación.
- *Desbarase* y recogida.
- Control de consumos.
- Control de existencias.

■ **Restaurantes y bares:**

- Limpieza del local, mobiliario y menaje.
- Montaje de mesas, aparadores y *buffet (mise en place)*.
- Reposición de géneros.
- Reserva de mesas.
- Recepción y acomodación de clientes.
- Prestación del servicio.
- Facturación.
- Cambio de ropa.
- Propuesta de ofertas gastronómicas.
- *Room service.*

■ **Economato y bodega:**

- Relaciones con proveedores.
- Comprobación de existencias.
- Cotejo de los precios de los productos según mercado.
- Compra de género y material.
- Control de calidad del género.

- Control de entrega de las mercancías.
- Control de albaranes, facturas y vales de pedido.
- Recepción y almacenamiento de mercancías.
- Distribución de los pedidos a los diferentes departamentos.
- Control de *stocks* y existencias.
- Elaboración de inventarios.
- Relación con administración.

7.6. Comercial

Tiene como misión dar a conocer el establecimiento, de venderlo, de llevarlo al consumidor a través de los distintos medios.

Sus funciones son:

- Elaborar el plan de *marketing*.
- Diseñar la marca.
- Organizar eventos que atraigan nuevos clientes.
- Estrategia publicitaria y promoción.
- Las relaciones con los clientes alojados y no alojados.
- Transmitir imagen del establecimiento.
- Atención y contacto con los medios de comunicación.
- Atención a clientes VIP.

7.7. Animación

Tiene como objetivo principal la prestación del servicio de animación. Sus funciones son.

- Programación, organización y ejecución de todo tipo de actividades de animación.
- Selección, creación y preparación de los recursos necesarios.
- Difusión y promoción del programa de animación.
- Evaluación de resultados.
- Atención al cliente.

7.8. Mantenimiento, servicio técnico y seguridad

La misión de este departamento es el mantenimiento del establecimiento y de sus instalaciones, la resolución de averías y la protección contra incendios.

Sus funciones básicas son:

- Mantenimiento preventivo y correctivo del inmueble, instalaciones, maquinaria, mobiliario y zonas exteriores, piscinas y jardines.
- Protección de los bienes y personas dentro del hotel.
- Prevención de incendios.

7.9. Administración

Tiene como misión todas las actividades relacionadas con la gestión administrativa, de facturación e intervención, así como la selección de inversiones y alternativas de financiación.

Sus funciones son:

- Administración
- Contabilidad financiera y de gestión
- Caja
- Facturación
- Control y auditoría
- Contabilidad
- Gestión de cobros y pagos
- Control de caja y tesorería
- Gestión contable
- Contabilidad analítica
- Control y gestión de las obligaciones tributarias
- Gestión de clientes y proveedores
- Financiación
- Selección de inversiones
- Elección de alternativas de financiación
- Gestión de créditos y riesgos

- Negociación con entidades de crédito
- Elaboración de presupuestos
- Control de ingresos y gastos

7.10. Recursos Humanos

Sus objetivos principales son el reclutamiento y selección del personal, su formación y mantenimiento, objetivos fundamentales en una empresa de servicios, en donde el personal es un activo fundamental en la prestación de servicios. Sus funciones son:

- Planificación de la plantilla del hotel
- Reclutamiento
- Selección
- Integración
- Formación
- Evaluación
- Remuneración
- Promoción
- Control de horarios
- Vacaciones
- Nóminas

8. Circuitos, tipos de información y documentos internos y externos que se generan en el marco de tales estructuras y relaciones interdepartamentales

Veamos a continuación los documentos más importantes en los procesos de establecimientos de alojamiento, qué información contienen y cómo se generan.

En el momento de la reserva y llegada del cliente, los documentos que se generan son:

- *Planning* **de reservas:** elaborado y utilizado por reservas, tiene como objetivo presentar de forma gráfica la disponibilidad de plazas de un alojamiento hotelero. En la actualidad, el documento manual ha sido sustituido por el soporte informático, que es de consulta más rápida y eficiente.

- **Cárdex o ficha del cliente o empresa:** es el documento que contiene datos del historial de nuestros clientes (preferencias, modos de pago, pernoctaciones realizadas con anterioridad, etc.) que permite poder ofrecerles un servicio más personalizado.
- **Hoja de reservas:** es el formulario utilizado en el momento en que se toma nota de la reserva, y puede ser: individual, de grupo y de servicios diferentes al alojamiento (por ejemplo, contratación de banquetes, salones, etc.).

Una vez tomados los datos en la hoja de reservas, se deben traspasar al *planning* de reservas, dispuesto para posibles consultas, y al libro de reservas.

- **Libro de reservas:** es el documento que tiene como misión informar del movimiento diario del hotel. Está formado por dos hojas, en la de la izquierda se anotan las entradas y en la de la derecha, las salidas.
  Una vez que el cliente llega al hotel, si este tiene reserva, lo primero será consultar el listado de llegadas.
- **Listado de llegadas:** es un documento utilizado en el proceso de entrada de clientes *(check-in)*, que se prepara en el turno de noche o a primera hora de la mañana. Es entregado al mostrador por reservas normalmente un día antes de la llegada del cliente. En él aparecen las llegadas previstas del día, con nombre y apellidos, tipo y cantidad de habitaciones, número de la habitación (asignada por mostrador), duración de la estancia, servicios contratados y observaciones.
  Se consulta el *rack* para asignar la habitación de forma definitiva.
- **Room-rack y slip:** es un instrumento para conocer en cada momento la situación en que se encuentra una habitación, así como sus características. Puede ser manual, con un tarjetero o *rack* o de forma informatizada. En el tarjetero se colocan unas tarjetas llamadas *slips* que contienen información del cliente que ocupa la habitación, y otras tarjetas de colores, algunas transparentes, cuyo color se identifica con un código (Por ejemplo: tarjeta roja significa bloqueada, o plástico transparente verde, reservada).

Si no se poseen datos del cliente en el cárdex se le solicita el DNI o pasaporte y se rellena la tarjeta de registro.

■ **Tarjeta de registro (bienvenido o contrato):** es el documento que mostrador cumplimenta a la llegada del cliente con sus datos (nombre y apellidos, número de habitación, número de personas, fecha de entrada y de salida, tipo de pensión alimenticia y precio de la habitación). Tiene, además de dar la bienvenida al cliente, una doble finalidad: por un lado, ofrece la cobertura legal apropiada, ya que tiene validez como contrato entre el establecimiento y el cliente, y además sirve como documento de identificación dentro del establecimiento.

■ **Parte de entrada de viajeros:** en cumplimiento de la Orden INT/1922/2003, de 3 de julio, sobre libros-registro y partes de entrada de viajeros en establecimientos de hostelería y otros análogos los establecimientos de hospedaje están obligados a declarar ante las Fuerzas y Cuerpos de Seguridad del Estado a todos los huéspedes que tengan alojados. Para ello deberán cumplimentar el parte de entrada de viajeros, según modelo anexado en esta orden, el cual deberá ser firmado por el huésped a su entrada al alojamiento.

Estos partes de entrada se enviarán – hoy día por internet – a las Fuerzas y Cuerpos de Seguridad del Estado y se archivarán durante 3 años en el establecimiento.

ANEXO

Tamaño A-5

Modelo de parte de entrada de viajeros.
Hoja-registro
(Rellenar con mayúsculas)
Datos del establecimiento

NIF:

Parte nº

Nombre del establecimiento:
Municipio:
Provincia:

Sello del establecimiento

DATOS DEL VIAJERO

Núm de documento de identidad:
Tipo de documento: (1)
Fecha expedición del documento: (5)
Primer apellido:
Segundo apellido:
Nombre:
Sexo: (2)
Fecha de nacimiento: (3)
País de nacionalidad:(4)
Fecha de entrada:(5)

_____, ___ de _____ de 20 ___

Firma del viajero

La recogida y tratamiento se hará de acuerdo con la Ley Orgánica 15/1999, de 13 de diciembre, de Protección de Datos de Carácter Personal y al amparo de lo dispuesto en el artículo 12.1 de la Ley Orgánica 1/1992, de 21 de febrero, sobre Protección de la Seguridad Ciudadana.

Instrucciones de confección del impreso.

(1) Se admiten:
- Para españoles: D.N.I., pasaporte o permiso de conducir.
- Para extranjeros: pasaporte, carta o documento de identidad (para ciudadanos de la Unión Europea, Andorra, Islandia, Suiza, Noruega, Malta, Mónaco y San Marino). Permiso de residencia español en vigor para los extranjeros residentes en España.
Se cumplimentará: D = DNI, P = pasaporte, C = permiso de conducir, I = carta o documento de identidad, N = Permiso de residencia español, X = Permiso de residencia de otro Estado Miembro de la Unión Europea
(2) F = sexo femenino, y M = sexo masculino.
(3) En el formato AAAAMMDD, al menos se cumplimentará el año de nacimiento. El mes y el día, si se desconocen, irán como 0000.
(4) Nombre del país de nacionalidad.
(5) En el formato AAAAMMDD.

Modelo de parte de entrada de viajeros según modelo establecido en la Orden INT/1922/2003, de 3 de julio, sobre libros-registro y partes de entrada de viajeros en establecimientos de hostelería y otros análogos.

Por último, el recepcionista debe efectuar la anotación de la entrada en el libro de recepción.

- **Libro de recepción:** cada vez que se registra un cliente, se anota en él, el número de habitación, nombre del cliente, personas que ocupan la habitación y el importe que se va a cargar diariamente en concepto de alojamiento y pensión. En la salida se procede igual. Estas operaciones sirven para comprobar que recepción ha abierto contablemente cada una de las habitaciones que han llegado, ha dado salida a todas las que se han marchado y ha cobrado correctamente todos los conceptos de alojamiento y pensión.

 Aplicación práctica

Amelia González llama el día 27 de junio para reservar una habitación para ella y su esposo para los días 8 y 9 de julio en régimen de alojamiento y desayuno. El precio de la habitación (alojamiento y desayuno) es de 90 € por habitación. Solicita, a ser posible, una habitación con vistas a la piscina.

Rellene, con los datos dados, la hoja de reservas que a continuación se muestra.

Continúa en página siguiente >>

<< Viene de página anterior

HOJA DE RESERVAS HOTEL MARE

Fecha de llegada............ Hora prevista de llegada............ Fecha de salida............

Nombre:
Dirección:
Reservado por:
Telef:
Observaciones:

Tipo habitación	Régimen				Precio
	A	AD	MP	PC	
Individual					
Doble					
Doble salón					
Suite					

Fecha..........................   Firma............................

Continúa en página siguiente >>

<< Viene de página anterior

SOLUCIÓN

HOJA DE RESERVAS HOTEL MARE

Fecha de llegada: 8/07/25   Hora prevista de llegada: Fecha de salida: 10/07/25

Nombre: Sra. Amelia González
Dirección:
Reservado por: Sra. Amelia González
Telef:
Observaciones: Vistas a piscina

Tipo habitación	Régimen				Precio
	A	AD	MP	PC	
Individual					
Doble		X			90 €
Doble salón					
Suite					

Fecha: 27/06/2025   Firma: Verónica

Aplicación práctica

Amelia González al hotel el día 8 de julio con su esposo y se le asigna la habitación 214. Rellene con los datos dados la tarjeta de registro que a continuación se muestra.

HOTEL MARE
****
Paseo de la Playa, 22
Marbella

LA DIRECCIÓN Y PERSONAL DEL HOTEL
Le desean una feliz y agradable estancia

Apellidos:
Nombre:

Número habitación:
Número personas:

Nacionalidad:
Reservado por:
Régimen:

Fecha entrada:
Fecha salida:
Precio habitación:

Firma:

Le recordamos que si tiene prevista su salida después de las 12 horas, lo comunique a Recepción.

Utilicen las cajas de seguridad para depositar sus objetos de valor.

Si desea prolongar su estancia comuníquelo a la Recepción.

Por su propia seguridad, rogamos exhiban la tarjeta de identificación al firmar sus notas de crédito.

Continúa en página siguiente >>

<< Viene de página anterior

SOLUCIÓN

HOTEL MARE
****
Paseo de la Playa, 22
Marbella

Apellidos: Gónzalez
Nombre: Amelia

Número habitación: 214
Número personas: 2

Nacionalidad: Española
Reservado por: Sra. Amelia González
Régimen: AD

Fecha entrada: 08/07/2025
Fecha salida: 10/07/2025
Precio habitación: 90 €

Firma: Verónica

LA DIRECCIÓN Y PERSONAL DEL HOTEL
Le desean una feliz y agradable estancia

Le recordamos que si tiene prevista su salida después de las 12 horas, lo comunique a Recepción.

Utilicen las cajas de seguridad para depositar sus objetos de valor.

Si desea prolongar su estancia comuníquelo a la Recepción.

Por su propia seguridad, rogamos exhiban la tarjeta de identificación al firmar sus notas de crédito.

Durante la **estancia del cliente,** la información que puede circular entre departamentos y los documentos que de ella se derivan son los siguientes:

- **Hoja de reclamaciones:** todas las empresas están obligadas a disponer de hojas de reclamaciones y entregarlas a los clientes cuando estos las soliciten.
- **Parte de averías:** las averías pueden ser informadas bien por el cliente a recepción, o bien por la camarera de pisos a la gobernanta. En ambos

casos, se cumplimenta un parte que irá dirigido al departamento de mantenimiento.

■ **Estadísticas oficiales:** una vez al mes, y con carácter obligatorio, el Instituto Nacional de Estadística (el INE) envía a los establecimientos hoteleros una encuesta que se remite posteriormente a la delegación provincial del INE, con cuyos datos se elabora el anuario de estadísticas de turismo.

■ **Informe a la gobernanta:** es el informe que mostrador elabora a la gobernanta con todas las habitaciones que han sido ocupadas, diferenciando las que son de salida y las que han salido ya. Igualmente, deberá incluir información de las salidas y prolongaciones de estancia imprevistas.

■ **Atenciones a VIP:** es el impreso que estipula las atenciones previstas a un cliente VIP.

■ **Listado de *no show:*** se realiza al finalizar el día o en el turno de noche con los clientes que tenían una reserva y no la han cancelado ni se han presentado. Se remite al jefe de recepción o al director, que determinará si se hace uso del depósito entregado, en el caso de que lo hubiere, o se le exige el pago de los servicios contratados.

■ **Listado de clientes alojados y salidas previstas:** se elabora en el turno de noche con el objeto de cuadrar la cuenta de habitaciones con el libro de recepción, y de informar al resto de los departamentos de la ocupación para la organización de su trabajo.

■ **Previsión de ocupación y régimen alimenticio:** a partir de los datos del anterior listado, el recepcionista del turno de noche elabora esta previsión que deberá remitir a la dirección y al resto de departamentos que presten algunos de los servicios.

Durante el **proceso de salida** del cliente del hotel o *check out,* los documentos que se utilizan son los siguientes:

■ **Vale de servicio:** es el impreso mediante el cual cualquier departamento de venta (bar, cafetería, lavandería, teléfonos, etc.) va a acreditar un consumo realizado por un cliente, no pagado sino cargado en la cuenta de la habitación para ser pagado posteriormente en la factura. Supone, por lo tanto, un cargo a crédito, y debe, por lo tanto, ser firmado por el cliente para que tenga validez. Si la facturación es manual, constará de dos copias: una se la queda el departamento que ha prestado el servicio y la otra es para facturación. Si el hotel dispone de terminales (TPV) conectadas al programa principal, los cargos se harán automáticamente.

- **Factura:** es el documento de pago en el que se reflejan los servicios facturados al cliente. Los datos que debe contener son: datos del titular de la factura (empresa, agencia de viajes, particular, etc.), número de factura, datos del cliente, número de habitaciones y servicios contratados, detallando los precios, y el IVA correspondiente (10 % para todos los servicios excepto los servicios de intermediación y alquileres, en los que será el 21 %, al igual que en las facturas de comisión). Por cada habitación se abre una factura como mínimo.

  En el caso de las agencias y las empresas, se abre una factura a cargo de la agencia o empresa por los servicios contratados y otra de extras que abonará el cliente. En los grupos se abre una factura o *master bill* con los servicios contratados y se abren tantas facturas de extras como habitaciones tenga el grupo.

- **Parte de caja:** es el documento que recoge todos los cobros y los pagos realizados en la caja de la recepción (cobros de alojamiento, cobros de otros servicios y cobros de todos los departamentos de ventas).

- **Arqueo:** es el documento con el total de caja, que se adjunta al anterior, en el que se desglosan por tipo de cobro y cantidad.

- **Parte de créditos:** es el listado que contiene el total de las facturas pagadas a crédito de agencias, mayoristas, empresas, etc. Este listado, junto con las facturas, pasará a gestión de cobros.

- **Listado de facturas emitidas:** es la relación de todas las facturas emitidas, con numeración correlativa y forma de pago. Deben incluirse en él también las facturas anuladas.

Otros documentos que se generan durante del desarrollo de la actividad del establecimiento son:

- **Vales de pedido:** los emite cada departamento en función de sus necesidades y los remiten a economato, al que le servirá de justificante para dar salida a los artículos y para imputar el consumo al departamento correspondiente.

- **Órdenes de trabajo cursadas por cada departamento:** son las órdenes de trabajo que se remiten al departamento de mantenimiento.

■ **Comanda:** es el vale que por triplicado efectúa el *maître* de los manjares y bebidas que los clientes van a tomar. El original irá a cocina, la primera copia irá a facturación del restaurante y la segunda copia se la queda el camarero.

9. Definición de puestos de trabajo y selección de personal en las áreas de alojamiento: principales métodos para la definición de puestos correspondientes a trabajadores semicualificados y cualificados de tales áreas. Principales métodos para la selección de trabajadores semicualificados y cualificados en tales áreas

Los puestos están formados por características que los concretan y definen. Algunas de estas características son:

■ Condición del lugar donde se desarrolla la actividad.
■ Tipo de trabajo que se realiza.
■ Condiciones en las que se realiza.
■ Personalidad de quien lo realiza (asociada con la rentabilidad).
■ Remuneración prevista.
■ Medios con los que cuenta.
■ Posición en la empresa.
■ Responsabilidad que entraña la acción.
■ Relaciones internas con otros puestos de trabajo.
■ Resultados que se esperan alcanzar.

Felipe Gallego define el puesto de trabajo como:

El conjunto de tareas que ejecuta una persona, empleando unas técnicas, unos métodos y unos medios específicos, pero que están determinados por la entidad donde ejerce su actividad.

El diseño de los puestos de trabajo es una tarea gerencial, más concretamente de la dirección de recursos humanos. Debe ser abordado desde tres perspectivas diferentes:

- **Integración,** es decir, todo lo relacionado con la estructura de la empresa. Para ello, deberá ubicarlo dentro del organigrama, estableciendo las relaciones internas, creando un flujo de comunicación adecuado y considerándolo una pieza fundamental de ella.
- **Posibilitación,** es decir, todo lo relacionado con el trabajo a desarrollar en el puesto. Para ello, se le debe dotar de los medios necesarios y concretar las expectativas reales que se esperan del mismo.
- **Eficacia,** es decir, en relación al trabajador, poniendo especial cuidado en su capacitación, así como en otros aspectos como la formación o la motivación.

Y conjuga una gran cantidad de elementos de muy variada naturaleza, por lo que es preciso un claro esquema de actuación.

En el diseño del puesto de trabajo, su contenido debe ser concretado y ordenado. Chiarenato establece el siguiente cuadro:

Contenido del puesto

¿QUÉ HACE? ──────● Actividades ejecutadas

¿CUÁNDO SE HACE? ──┬─● Diariamente
├─● Semanalmente
├─● Mensualmente
├─● Esporádicamente
└─● Anualemte

¿CÓMO SE HACE? ──┬─● Personas supervisadas
├─● Máquinas o equipos
├─● Materiales utilizados
└─● Datos o información utilizados

¿DÓNDE SE HACE? ──● Local y posición ──┬─● Ambiente de trabajo
├─● Actividad parada o en movimiento
└─● De pie o sentado

¿POR QUÉ SE HACE? ──● Objetivos del puesto
│
↓
ESPECIFICACIONES
│
↓
¿QUÉ REQUIERE?

Los métodos que más se utilizan en la descripción y el análisis de puestos son:

- Observación directa
- Cuestionario
- Entrevista directa
- Métodos mixtos

 Recuerde

El diseño de los puestos de trabajo es una tarea gerencial, más concretamente de la Dirección de Recursos Humanos.

9.1. Método de observación directa

Es uno de los métodos mas utilizados, tanto por ser el más antiguo como por su eficiencia. El análisis del puesto se efectúa observando al ocupante del puesto, de manera directa y dinámica, en pleno ejercicio de sus funciones, mientras el analista de puestos anota los datos clave de sus observaciones en la hoja de análisis de puestos. Es más recomendable aplicarlo a los trabajos que comprenden operaciones manuales o que sean sencillos y repetitivos. Se aconseja que este método se aplique en combinación con otros para que el análisis sea mas completo y preciso.

Tiene como ventajas la veracidad de los datos que obtiene, ya que provienen de una sola fuente ajena a los intereses de quien ejecuta el trabajo, y como desventaja, además del costo ya que requiere bastante tiempo, está la falta de contacto verbal con el trabajador.

9.2. Método del cuestionario

Tiene como objetivo la identificación de labores, responsabilidades, habilidades, conocimientos y niveles de desempeño necesarios en un puesto específico, mediante un cuestionario que rellena el trabajador o su superior.

Tiene la ventaja de una participación más activa de los trabajadores en la recogida de datos, así como la participación de varios niveles jerárquicos, pero debe ser elaborado con cuidado.

 Nota

Es recomendable para puestos de alto nivel.

9.3. Método de la entrevista

Consiste en recoger los elementos relacionados con el puesto que se pretende analizar, mediante un acercamiento directo y verbal con el ocupante o con su jefe directo. Puede realizarse con uno, ambos, juntos o por separado. El analista visita personalmente al sujeto que puede proporcionarle información relevante sobre algún puesto. La entrevista puede basarse en el cuestionario general, al cual pueden agregársele preguntas que abarquen las variantes concretas que presente el puesto.

Permite analizar y aclarar dudas, y es el que reúne los datos de una manera más racional.

Puede aplicarse a cualquier tipo o nivel de puesto.

9.4. Método mixto

Se recomienda utilizar métodos mixtos, es decir, combinaciones de dos o más métodos, para obtener el mayor rendimiento del análisis posible.

Las combinaciones más utilizadas son:

- Cuestionario y entrevista (ambos con el ocupante del puesto). Primero, el ocupante responde el cuestionario y después participa en una entrevista rápida donde se tendrá como referencia al cuestionario.
- Cuestionario y entrevista (con el ocupante y con el supervisor respectivamente). Para profundizar y aclarar los datos obtenidos.
- Cuestionario y entrevista (ambos con el supervisor).
- Observación directa y entrevista (con el ocupante y con el supervisor respectivamente).
- Cuestionario y observación directa (ambos con el ocupante del cargo).
- Cuestionario y observación directa (con el supervisor y con el ocupante del puesto respectivamente).

A cada puesto de trabajo le corresponde una función determinada, lo que no quiere decir que haya un puesto para cada función y una función para cada puesto, ya que esta es una teoría excesivamente clásica de organización, y lo que impera en la actualidad es la polivalencia funcional, es decir, que cada trabajador adscrito a un puesto asuma distintos cometidos funcionales.

Son **grupos profesionales** los conjuntos laborales empresariales clasificados por la función que desarrollan o por niveles de responsabilidad. Y cada grupo estará a su vez subclasificado en **categorías profesionales,** es decir, cada uno de los grados establecidos en una carrera o profesión.

La relación de puestos de trabajo estructurados por grupos y por categorías profesionales es lo que se conoce como *nomenclátor,* y supone en la práctica un inventario de puestos y personas, descritos brevemente.

En la actualidad, el VI Acuerdo Laboral para el sector de hostelería (ALEH VI), aprobado por resolución el 20 de enero de 2023 (BOE número 59), que ha venido a sustituir el acuerdo anterior, clasifica los trabajadores y trabajadoras del sector en grupos profesionales, asignándoles una determinada categoría profesional dentro del encuadramiento en una determinada área funcional.

Las áreas funcionales están determinadas por el conjunto de actividades profesionales que tienen una base profesional homogénea, o que corresponden a una función homogénea de la organización del trabajo, que son las siguientes:

- Área primera: recepción-conserjería, relaciones públicas, administración y gestión.
- Área segunda: cocina y economato.
- Área tercera: restaurante, sala, bar y similares.
- Área cuarta: pisos y limpieza.
- Área quinta: mantenimiento y servicios auxiliares.
- Área sexta: servicios complementarios.

El documento en el que se especifican cuantitativa y cualitativamente las características y necesidades de un puesto de trabajo se denomina **profesiograma.**

Este debe incluir los siguientes elementos:

- Denominación del puesto.
- Descripción profesional del puesto (las tareas).
- Descripción técnica del puesto (los recursos).
- Descripción orgánica del puesto (posición en la estructura de la empresa y relaciones).
- Características y necesidades especiales.
- Análisis laboral del puesto.

Del profesiograma, se deriva el **perfil profesiográfico,** que se refiere a las características cuantitativas y cualitativas que ha de tener el candidato al puesto de trabajo. Es decir:

- Características personales.
- Formación y experiencia profesional.
- Personalidad.
- Exigencias especiales.

Importante

La coincidencia entre profesiograma y perfil profesiográfico es lo que busca la selección.

La selección ha de entenderse como el proceso por el que se elige a una persona, entre otras, considerándola la más idónea para cubrir un determinado puesto de trabajo en una organización concreta.

Según Albert:

Los dos objetivos fundamentales de la selección son:

1. Proporcionar a la empresa una mano de obra satisfactoria.
2. Permitir al trabajador un empleo con el mismo grado de beneficios.

Las fases de la selección son:

1. Proceso de reclutamiento, es decir, la búsqueda de candidatos.
2. Proceso de preselección o análisis de las personas reclutadas.
3. Aplicación de técnicas de selección.
4. Proceso de decisión e inducción.

Las técnicas o métodos de selección que se suelen aplicar son las siguientes:

- **Entrevista:** es una conversación realizada generalmente entre dos personas mediante la cual una de ellas, el entrevistado, recibe información sobre un puesto de trabajo, y la otra, el entrevistador, recibe información sobre la adecuación o no del entrevistado para cubrir el puesto de trabajo. Es la más utilizada y más certera.
- **Test:** es el método más eficaz para conocer la personalidad y las aplicaciones de esa personalidad. Y en la actualidad una prueba indispensable que suele complementar a otra.

Según **Peña Baztán** el test es:

El instrumento cuyo idéntico contenido, aplicado mediante un sistema normalizado, permite apreciar las diferencias que en su resolución producen cuantitativa y cualitativamente los diversos sujetos a los que se aplica, resultados que permiten la comparación entre sí mediante la aplicación de la estadística matemática.

- **Examen de conocimientos:** trata de constatar los conocimientos teóricos a través de cuestionarios cerrados o abiertos, de forma oral o escrita, pero siempre proporcionales y específicos para el puesto de trabajo que se debe cubrir.
- **Examen profesional práctico:** tiene por objeto demostrar que el candidato no solo tiene los conocimientos suficientes requeridos por el puesto sino que sabe aplicarlos.
- **Examen médico:** permite comprobar el estado de salud general de candidato y si reúne o no las condiciones físicas precisas para el puesto.
- **Juegos de empresa:** el más típico de ellos es el conocido como "Juego *In-Basket",* en virtud del cual el candidato se coloca en la posición del puesto de trabajo que se quiere cubrir y actúa tanto en la investigación de los hechos como en la toma de decisiones.
- **Técnicas de simulación:** son las simulaciones o representaciones de una cosa o un hecho fingiendo lo que no es e imitando su verdadero contenido. Tratan de dar posibles soluciones a problemas concretos que puedan plantearse en la empresa.
- *Head hunters:* son empresas que buscan entre los profesionales más cualificados a los candidatos más idóneos para sus encargos de empleo. Efectúan el proceso de selección, entrevistando a los candidatos, analizando sus cualidades profesionales y personales y proponiendo finalmente a sus clientes los seleccionados que, a su juicio, son más idóneos.

Importante

Quienes lleven a cabo un proceso de selección deben utilizar aquellas técnicas que más se adapten a las características y exigencias del puesto y establecer un orden de aplicación.

10. Resumen

La industria hotelera constituye una pieza clave y fundamental dentro del sector turístico, impulsora de un turismo competitivo motor de la economía.

Para ello, la planta de alojamientos debe girar en torno a los criterios de calidad total, dentro de los cuales es preciso potenciar su calidad interna, entendida ésta como la mejora en la organización y gestión de los servicios.

Es a partir de 1965, cuando comienza a regularse la actividad por parte de la Administración pública, tras años de construcción masiva de establecimientos de alojamiento turístico, y de una expansión caótica de la oferta.

En la actualidad, con la competencia exclusiva en materia de promoción y ordenación de las comunidades autónomas, cada una de ellas ha aprobado diferentes normativas de regulación de estos establecimientos. Y se clasifican en establecimientos de alojamiento hotelero y establecimientos de alojamiento extrahotelero.

La organización, una de las funciones administrativas de la dirección, es un criterio fundamental en la búsqueda de la calidad total, y entendemos a esta en el ámbito empresarial, como la forma en que las empresas disponen sus medios, materiales y humanos, al tiempo que establecen reglas para alcanzar las metas propuestas bajo criterios de eficiencia.

Una de las primeras acciones que se deben emprender en la organización de una empresa es su departamentalización, es decir, el proceso de repartir funciones, de la división del trabajo, que lo representaremos gráfica y esquemáticamente mediante los organigramas.

Los departamentos que suelen comprender las estructuras de los establecimientos de alojamiento turístico son: dirección, departamento de alimentos y bebidas *(food and beverage),* departamento de mantenimiento, servicios técnicos y seguridad, departamento comercial, departamento de administración, departamento de recursos humanos (RR. HH.).

Como ya se ha comprobado, los alojamientos turísticos cuentan con múltiples departamentos para garantizar tanto la gestión como la diaria operación del establecimiento. Entre todos ellos, se dan una serie de relaciones cuya gestión es fundamental para una correcta prestación del servicio, así como el estudio y conocimiento de la información que de ellas se derivan, y de los documentos a utilizar.

Los puestos de trabajo, que conforman cada uno de los departamentos, es decir el conjunto de tareas que ejecuta una persona, empleando unas técnicas, unos métodos y unos medios específicos, pero que están determinados por la entidad donde ejerce su actividad, se diseñan utilizando unos métodos, entre los cuales los más utilizados son la observación directa, el cuestionario y la entrevista directa.

La selección del personal que ocupe los puestos, es el proceso por el que se elige a una persona, entre otras, considerándola la más idónea para cubrir un determinado puesto de trabajo en una organización concreta.

Las técnicas o métodos de selección que se suelen aplicar son las entrevistas, test, examen de conocimientos, examen profesional práctico, examen médico, juegos de empresa, técnicas de simulación y *head hunters.*

La elección de uno u otro método se hará en función de las características y exigencias del puesto.

Ejercicios de repaso y autoevaluación

1. ¿Cuál es la definición de establecimiento de alojamiento turístico?

_____
_____
_____
_____
_____

2. De las siguientes frases, indique cuál es verdadera o falsa.

    a. Los apartamentos turísticos son establecimientos de alojamiento turístico hotelero.

        ☐ Verdadero
        ☐ Falso

    b. Los campamentos de turismo pueden ser de lujo, primera, segunda y tercera categoría.

        ☐ Verdadero
        ☐ Falso

    c. La forma de representar gráfica y esquemáticamente la departamentalización de una empresa es lo que se conoce como organigrama.

        ☐ Verdadero
        ☐ Falso

    d. El documento en el que se especifican cuantitativa y cualitativamente las características y necesidades de un puesto de trabajo se denomina perfil profesiográfico.

        ☐ Verdadero
        ☐ Falso

e. El departamento de recepción se divide en reservas, mostrador, facturación y conserjería.

☐ Verdadero
☐ Falso

3. **Relacione los siguientes elementos referentes a alojamientos turísticos.**

a. Apartamentos turísticos.
b. Masías.
c. Campamentos de turismo.
d. Hoteles.
e. Balnearios.

__ Letra H en color blanco.
__ Tratamientos termales.
__ Placa color rojo llama.
__ Alojamientos rurales.
__ Alojamientos móviles.

4. **El aprovechamiento por turnos de inmuebles de uso turístico...**

a. ... supone el ejercicio, transmisión y extinción de la propiedad de bienes inmuebles.
b. ... atribuye la facultad de disfrutar durante un período inferior a siete días seguidos un bien inmueble.
c. ... atribuye la facultad de disfrutar un bien inmueble durante un período específico cada año.

5. **La estructura funcional...**

a. ... se caracteriza por ejercer la autoridad sobre las actividades y sobre las personas.
b. ... es conocida también como lineal.
c. ... es una estructura moderna.

6. **Es una función de reservas del departamento de recepción el...**

    a. ... registro de clientes.
    b. ... control de depósitos.
    c. ... control de habitaciones.

7. **¿Cuáles son los departamentos que suelen tener los establecimientos de alojamiento turístico? Enumérelos.**

_____
_____
_____
_____

8. **¿Qué se entiende por selección de personal?**

_____
_____
_____
_____

9. **Complete las siguientes oraciones.**

Los establecimientos hoteleros son aquellas empresas y establecimientos dedicados de modo _____ y _____ al alojamiento de personas mediante _____, excepto la simple tenencia de huéspedes con carácter estable y los _____.

El *planning* de reservas es elaborado y utilizado por _____ y tiene como objetivo presentar de forma gráfica _____ de plazas de un alojamiento hotelero.

Según Peña Baztán, el test es el instrumento de _____ cuyo idéntico contenido, aplicado mediante un sistema normalizado, permite apreciar _____ que en su resolución producen cuantitativa y cualitativamente los diversos sujetos a los que se aplica, resultados que permiten la comparación entre sí mediante la aplicación de la _____.

10. ¿Qué relaciones se pueden dar entre el departamento de reservas y el de conserjería?

11. ¿Qué es un vale de servicio?

Capítulo 6

La función de integración de personal en los departamentos de pisos y recepción

Contenido

1. Introducción

Un buen diseño de puesto de trabajo y un buen proceso de reclutamiento y selección no aseguran una buena integración del trabajador a la empresa y su puesto de trabajo. Todo trabajador que se incorpora por primera vez a una empresa lo hace con cierta inseguridad.

La empresa tiene, por lo tanto, como cometido, facilitar al nuevo empleado su integración en ella, poniendo a su alcance los medios y técnicas necesarias, y procurar que el período de integración sea lo más reducido posible.

Este período no tiene una duración fija, ya que dependerá de la capacidad de adaptación del trabajador, de la ayuda que le proporcione la empresa y de la complejidad del puesto y de la empresa.

Cuando finaliza el proceso de selección, la empresa le hace al candidato una propuesta de trabajo concretando las características y condiciones del trabajo, el candidato acepta, se incorpora al puesto y a su nueva empresa, y tiene comienzo el proceso de integración.

2. Definición y objetivos

El proceso de integración es el período en el que un nuevo trabajador se intenta adaptar no solo al puesto de trabajo y a la tarea que se le ha asignado, sino a la empresa y al entorno humano en que se desarrollará su vida laboral.

Este proceso tiene por **objetivos:**

1. El conocimiento de la función y de la empresa para el trabajador.
2. La integración de este en el puesto de trabajo y en la empresa.

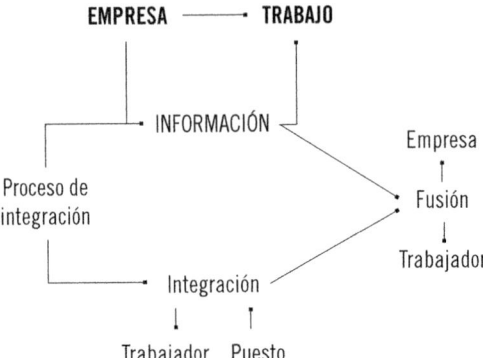

Contenido y finalidad del proceso de integración

Este proceso engloba dos grandes funciones:

La función de información

Es la fase de instrucción en que la persona recién incorporada recibe información sobre:

■ La cultura empresarial de la compañía: historia, cultura, situación actual, posicionamiento, objetivos, etc.

■ El puesto que va a ocupar, el producto, el sistema de producción, medios, expectativas, productividad, requerimientos, etc.

■ Política social y laboral: retribuciones, promoción, sistema de formación, y todos los beneficios sociales de la empresa.

■ Relaciones personales: jerarquía, clima laboral, compañerismo, costumbres, etc.

Los **sistemas de información** son variados y pueden ser:

■ Escritos: el más habitual es el manual de acogida.

■ De formación: basados en un cursillo de bienvenida.

 **Recuerde**

La empresa debe facilitar la integración del trabajador.

La función de Integración

Es la adaptación que, efectuada con éxito, llevará sin duda a la denominada fusión entre empresa y trabajador.

Para Bakke, en *The Fussion Process* (E. Wight Bakke, 1953):

> *El proceso de fusión consiste en una socialización en virtud de la cual un individuo va aprendiendo y aceptando las normas de un grupo siendo aceptado a su vez por el resto de los miembros del grupo.*

A través de la fusión entre empresa y trabajador, el individuo aporta algo de su personalidad, que es integrada en el grupo, y a su vez el grupo modifica comportamientos del individuo al fusionarlo al conjunto.

Los resultados de la fusión son pues recíprocos e irreversibles, y originan una vinculación de intereses, actitudes, objetivos, comportamientos y responsabilidades entre empresas, grupos e individuos.

3. Relación con la función de organización

Los recursos humanos son un activo esencial de la empresa, base de su ventaja competitiva a la hora de lograr la satisfacción de sus clientes.

Un grupo de profesionales cualificado, capaz de atender las necesidades de los huéspedes, es la clave principal del éxito de un negocio basado en recursos intangibles relacionados con experiencias personales.

La función que coordina estos recursos humanos con los materiales para lograr los objetivos de la empresa se conoce como **management.**

El *management* es la tarea gerencial que incluye las siguientes funciones:

- Planificación y organización
- Administración
- Integración de RR. HH. (Recursos humanos)
- Dirección y liderazgo
- Ejecución
- Control
- Evaluación de resultados

Recordemos que **planificar** suponía prever el futuro, seleccionando, entre una serie de alternativas, los objetivos, los programas, los presupuestos y las directrices, trazando el plan de acción más idóneo para alcanzar los fines que se han propuesto.

Mientras que **organizar,** se define como el proceso de describir y agrupar el trabajo que se tienen que efectuar, definiéndoselo a los jefes de departamento, en los que se delega autoridad y responsabilidad con la intención de que el personal funcione conjunta y eficazmente para el logro de los objetivos.

La organización hotelera se ha caracterizado por rigurosas divisiones del trabajo y de la responsabilidad, con departamentos perfectamente diferenciados bajo criterios funcionales. Tradicionalmente, los establecimientos hoteleros se han caracterizado por tener unas estructuras muy jerarquizadas donde la toma de decisiones era lenta y centralizada.

Pero hoy en día, fruto de un entorno cambiante, las estructuras se reducen y se dinamizan, con organizaciones orientadas el cliente y a la calidad.

Las distintas actividades forman parte de un sistema en constante conexión. La responsabilidad no termina con la finalización de la tarea que se nos ha asignado, sino que, al formar parte de un todo, terminará con la satisfacción completa del cliente. Por ello, es importante, que la integración de todos los trabajadores se lleve a cabo con éxito, tomando como base la comunicación y el trabajo en equipo, que disminuya el número de niveles jerárquicos y se descentralice la toma de decisiones, simplificando los organigramas.

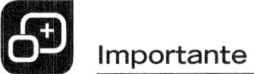

Importante

Todos los trabajadores forman parte de un sistema en conexión.

Son **etapas** de la dirección de recursos humanos:

- Planificación. Consiste en proporcionar los recursos humanos suficientes en cada momento, tanto en cantidad como en cualificación.
- Reclutamiento. Contar con un número de candidatos suficiente para iniciar el proceso de selección.
- Selección. Escoger el mejor candidato para el perfil requerido.
- Integración. Es la adaptación del empleado al puesto de trabajo, a la empresa y el entorno laboral.
- Formación. Es la transmisión de conocimientos técnicos necesarios, actitudes y maneras propias de la organización.
- Evaluación. Valorar el rendimiento del empleado con el fin de tomar decisiones sobre remuneraciones, ascensos, formación, etc.
- Reconocimiento. Una política salarial adecuada es uno de los factores definitorios de la motivación personal, entre otros.

4. Manuales de operaciones de los departamentos de pisos y recepción: análisis, comparación y redacción

El manual de operaciones o de procedimiento surge como la guía que establece la forma en que la empresa desea que todo su personal actúe, a nivel de relaciones laborales externas e internas, y como un instrumento fundamental para el funcionamiento coherente de la organización.

Es el documento que contiene la descripción de actividades que deben seguirse en la realización de las funciones de un área o departamento, o de dos o más de ellas.

El manual incluye además los puestos que intervienen, precisando su responsabilidad y participación.

Suelen contener información y ejemplos de formularios, autorizaciones o documentos necesarios, máquinas o equipo a utilizar y cualquier otro dato que pueda ayudar al correcto desarrollo de las actividades dentro de la empresa.

Son sus **propósitos:**

- Permitir conocer el funcionamiento interno en cuanto a descripción de tareas, ubicación, requerimientos y a los puestos responsables de su ejecución.
- Ayudar en la integración al puesto y al adiestramiento y capacitación del personal ya que describen en forma detallada las actividades de cada puesto.
- Analizar o revisar los procedimientos de un sistema.
- Intervenir en la consulta de todo el personal.
- Para emprender tareas de simplificación de trabajo, como análisis de tiempos, delegación de autoridad, etc.
- Para establecer un sistema de información o bien modificar el ya existente.
- Para uniformar y controlar el cumplimiento de las rutinas de trabajo y evitar su alteración arbitraria.
- Determinar en forma más sencilla las responsabilidades por fallas o errores.
- Facilitar las labores de auditoría, control interno y su evaluación.
- Aumentar la eficiencia de los empleados, indicándoles lo que deben hacer y cómo deben hacerlo.
- Ayudar a la coordinación de actividades y evitar duplicidades.
- Construir una base para el análisis posterior del trabajo y el mejoramiento de los sistemas, procedimientos y métodos.

Aplicación práctica

Es usted director/a del Hotel Mediterráneo de Palma de Mallorca que está elaborando un manual de operaciones para el personal del departamento de recepción. ¿Cómo describiría usted el tratamiento de las reservas si el hotel tiene como política garantizarlas hasta las 18 horas?

SOLUCIÓN

Las reservas están garantizadas normalmente a aquellos clientes que llegan al hotel durante el día y antes de las 18 h.

Si el cliente no llega a su hotel a las 18 h, usted eventualmente puede no continuar reservando esa habitación o dejarla disponible para otros huéspedes.

Si el cliente llamara por teléfono, el día de llegada, para avisar de que tiene previsto llegar más tarde, la reserva se considerará garantizada.

Asegúrese de que el cliente comprendió esto en el momento de hacer su reserva, para darle la oportunidad de que, en el momento de hacerla, notifique si va a llegar más tarde de la hora indicada.

Cualquiera que sea el caso o tipo de reserva, asegúrese de incluir en la reserva todos los datos requeridos, nombre y apellido, fecha de llegada, tipo de habitación y número de noches, también la tarifa y la fecha en que se toma la reserva.

No olvide que es importante que avise al huésped de las condiciones de la reserva y que esta quedará automáticamente anulada si no es reclamada antes de las 18 h.

Debe estructurarse por departamentos, unidades o centros, detallándose en cada caso su posición dentro de la empresa, su objetivo concreto, medios y recursos, funciones y actividades, relaciones internas, externas y comerciales y orden jerárquico y autoridad.

Ha de incluir con claridad el organigrama de la organización que servirá como punto de partida para el desglose por departamentos o unidades.

En cuanto a su contenido, este podría constar, a modo de ejemplo, de los siguientes apartados:

1. Identificación de la organización.
2. Índice o contenido.
3. Prólogo y/o introducción, que hable sobre el contenido del documento, su objeto, áreas de aplicación e importancia de su revisión y actualización. Puede incluir un mensaje de la máxima autoridad de las áreas comprendidas en el manual.
4. Objetivos de los procedimientos.
5. Áreas de aplicación.
6. Responsables.
7. Políticas o normas de operación, es decir, los criterios generales de actuación, además de las normas de actuación en situaciones no habituales.
8. Conceptos. Un glosario de términos de carácter técnico que se emplean en el procedimiento, los cuales, por su significado o grado de especialización, requieren de mayor información o ampliación de su significado, para hacer más accesible al usuario la consulta del manual.
9. Procedimiento o descripción de las operaciones. Se presentará por escrito, en forma narrativa y secuencial, de cada una de las operaciones que se realizan en un procedimiento, explicando en qué consisten, cuándo, cómo, dónde, con qué, y cuánto tiempo se hacen, señalando los responsables de llevarlas a cabo. Cuando la descripción del procedimiento es general, y por lo mismo comprende varias áreas, debe anotarse la unidad administrativa que tiene a su cargo cada operación. Si se trata de una descripción detallada dentro de una unidad administrativa, tiene que indicarse el puesto responsable de cada operación.
10. Impresos que se utilizan en un procedimiento.
11. Diagramas de flujo. Representación gráfica de la sucesión en que se realizan las operaciones de un procedimiento.

 **Consejo**

Es conveniente codificar las operaciones para simplificar su comprensión e identificación, aun en los casos de varias opciones en una misma operación.

Aplicación práctica

Siguiendo con la elaboración del manual de operaciones para el personal del departamento de recepción del Hotel Mediterráneo del que es usted director/a, realice la descripción del proceso de bienvenida de un cliente al hotel a través de un diagrama de flujos.

SOLUCIÓN

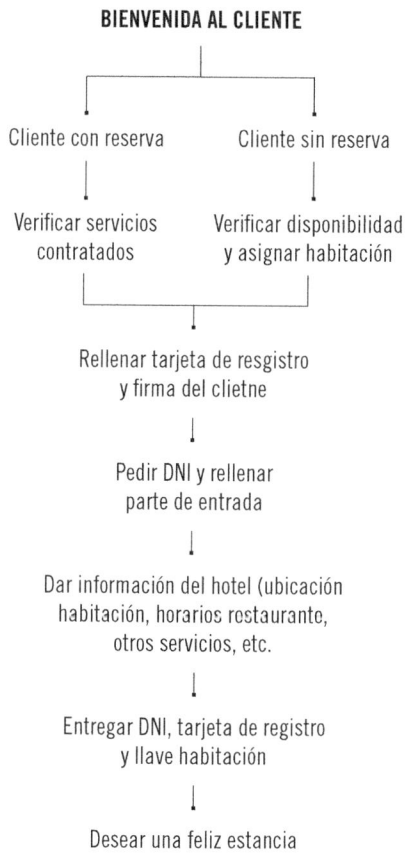

BIENVENIDA AL CLIENTE

Cliente con reserva

Cliente sin reserva

Verificar servicios contratados

Verificar disponibilidad y asignar habitación

Rellenar tarjeta de resgistro y firma del clietne

Pedir DNI y rellenar parte de entrada

Dar información del hotel (ubicación habitación, horarios restaurante, otros servicios, etc.

Entregar DNI, tarjeta de registro y llave habitación

Desear una feliz estancia

En cuanto a los **manuales de operaciones de los departamentos de pisos,** un ejemplo de su contenido y de los procedimientos que en él se describen es el siguiente:

Índice

1. Introducción
2. Objeto

    1. Zonas públicas/comunes
    2. Zonas de lavandería
    3. Zonas de clientes

3. Áreas de aplicación
4. Personal de aplicación
5. Descripción de puestos de trabajo

    1. Gobernanta
    2. Subgobernanta
    3. Camarera de pisos
    4. Limpiadora
    5. Valet

6. Desarrollo del trabajo: directrices generales
7. Procesos de limpieza

    1. Normas generales de todos los turnos
    2. Procedimiento del turno de mañana
    3. Procedimiento del turno de tarde
    4. Procesos de limpieza de habitaciones y cuartos de baño
    5. Habitación de cliente / ocupada: procedimiento detallado de limpieza de la habitación y del cuarto de baño
    6. Habitación de salida: procedimiento detallado de limpieza de la habitación y del cuarto de baño
    7. Habitación libre: procedimiento detallado de limpieza de la habitación y del cuarto de baño
    8. Servicio de cobertura

9. Limpieza de zonas comunes
10. Zona exterior del hotel
11. Limpieza de salones
12. Limpieza del restaurante
13. Limpieza en las zonas internas del hotel
14. Proceso de limpieza periódica de habitaciones

8. La revisión

1. Revisión de habitaciones y cuartos de baño
2. Aspectos principales
3. Revisión zonas comunes, internas, salones y zona restauración

9. Lavandería

1. Control del ciclo de ropa
2. Tratamiento de la ropa de cliente

10. Partes de averías
11. Objetos olvidados
12. *Room-service*

1. Control de minibares
2. Cambio de habitación de cliente

13. Aprovisionamiento de material de limpieza
14. Control de inventarios
15. Formularios

1. Control de estado de habitaciones
2. Hoja de asignación de habitaciones
3. Hoja de revisión y control de habitaciones
4. Registro de objetos olvidados

Fragmento de un manual de operaciones de pisos

Cobertura de las camas   El papel higiénico en el baño

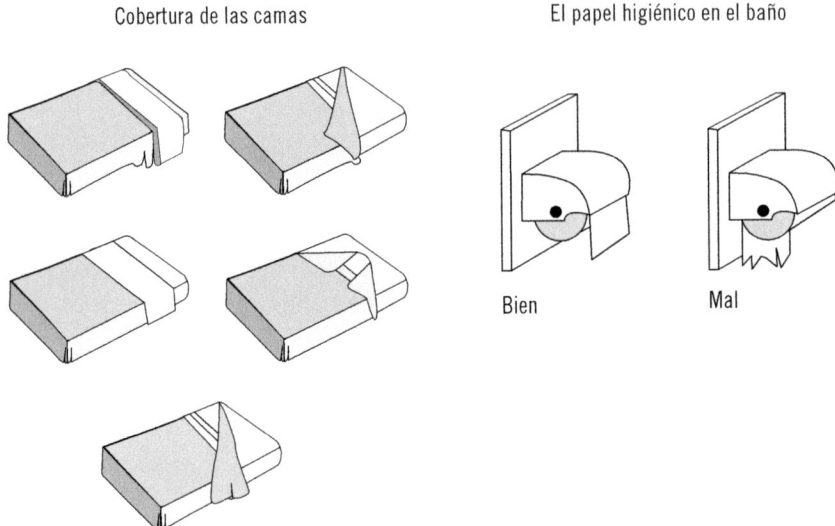

Bien   Mal

Y en cuanto a los **manuales de operaciones de los departamentos de recepción,** veamos un ejemplo:

Índice

1. Introducción
2. Objeto
3. Áreas de aplicación
4. Personal de aplicación
5. Descripción de puestos de trabajo

    1. Jefe de recepción
    2. Recepcionista / recepcionista de noche
    3. Conserje
    4. Mozo de equipaje

6. Desarrollo
7. Operaciones previas a la llegada del cliente

    1. Previsión de ocupación

2. Control de estado de habitaciones
3. Asignación de habitaciones

8. Tareas de cada turno

1. Tareas del turno de mañana
2. Tareas del turno de tarde
3. Tareas del turno de noche

9. Tareas del *check-in*

1. *Check in* del cliente con reserva
2. *Check in* del cliente sin reserva

10. Tareas del *check-out*

1. *Check out* previsto de un cliente
2. *Check out* imprevisto de un cliente

11. Cómo actuar ante *overbooking*
12. Atención telefónica

1. Normas
2. Cómo debemos tomar una reserva por teléfono
3. Transferir llamadas y recogida de mensajes
4. Resolución de quejas e incidencias

13. Caja

1. Procedimiento a seguir por todos los turnos

14. Facturación

1. Servicios a facturar en las habitaciones

15. Conserjería

 **Recuerde**

El manual de operaciones o procedimientos es una pieza clave del sistema de cualquier empresa, por pequeña que sea su dimensión.

5. Programas de formación para personal dependiente de los departamentos de pisos y recepción: análisis, comparación y propuestas razonadas

El factor humano es el cimiento y motor de toda empresa, y su activo más valioso.

Cada vez más empresarios y directivos se han abierto a la necesidad de contar para el desarrollo de sus empresas con programas de formación que promuevan el crecimiento personal e incrementen los índices de productividad, calidad y excelencia en el desempeño de las tareas laborales.

Técnicamente se puede considerar como formación a la adquisición de mayor o menor desarrollo, aptitud o habilidad personal o profesional.

Manuel Peña Baztán, en su libro *Dirección de Personal,* define a la formación como:

> *El incremento del potencial de la empresa a través del perfeccionamiento profesional y humano de los individuos que la forman.*

Es el instrumento interno de la empresa adecuado para el reciclaje constante y desarrollo del empleado que le permite incrementar el potencial del que dispone, y al trabajador le incrementa las garantías para conservar su puesto.

Incide en los conocimientos individuales, y en las actitudes individuales, conformándose como el único camino en la ardua tarea de renovar culturas, métodos y formas dentro de la empresa.

La formación es el motor de:

- El estado de equilibrio del trabajador, entendido este como la perfecta adaptación al trabajo, a su función dentro de la empresa, a su clima laboral y a sus posibilidades de futuro.
- La competitividad de la empresa, ya que sin contar con un capital humano formado, eficaz y profesional, la competitividad no podrá darse nunca.

 Importante

Ambos, el estado de equilibrio y la competitividad, producirán una sinergia de mayor producción y rendimiento.

Por lo tanto, la inversión en la formación es la más clara inversión de futuro para el desarrollo adecuado de la actividad social.

La formación, tiene además como **fines inmediatos:**

- Educar, es decir, reorientar las aptitudes del trabajador para que pueda desarrollar su trabajo en las condiciones más óptimas, o potenciarlas para que se integren mejor con su función.
- Instruir, es decir, transmitir al trabajador los conocimientos necesarios para desarrollar sus funciones con la mayor preparación.
- Adiestrar, que se conoce como hacer a una persona hábil y experta en un oficio, es decir, todo lo que tiene que ver con la experiencia y la práctica.

■ Informar, tanto a nivel interno (objetivos, medios, filosofía, etc.), como a nivel externo (estado del sector, competencia, proveedores, etc.).

■ Analizar los resultados de la formación para continuarla, suprimirla o modificarla.

Recuerde

La formación incrementa el potencial del trabajador y de la empresa.

Se definen un **programa de formación** como el sistema y la distribución de las materias de un curso o asignatura.

El contenido del programa debe ser lo más ajustado a los objetivos de la formación que se va a realizar, y lo más concreto posible, contemplando los tiempos, los métodos, y cuanto detalle sea necesario para garantizar el mejor aprovechamiento.

Los programas de formación deben realizarse según las necesidades de la empresa, ya que no son las empresas quienes tienen que adaptarse a estos, sino al contrario.

Un **curso de formación** es la serie ordenada de conocimientos, actividades, informes o ejercicios que se llevan a cabo en un proceso de instrucción, y que consta normalmente de una parte teórica y otra de aplicación de los conocimientos teóricos

El curso es, por lo tanto, la materialización del programa y realmente la ejecución de la formación en sí misma.

5.1. Proceso de formación

A fin de tener programas de formación eficaces y que tengan un impacto máximo en el desempeño del individuo y de la organización, es aconsejable sistematizar el **proceso de formación** en las siguientes fases.

Evaluación de necesidades

La búsqueda de necesidades de formación supone el análisis de las demandas formativas y de capacitación en los proyectos prioritarios de una empresa, y de todos los factores a estudiar, como cuándo se necesitan, quién los precisa y qué métodos son los mejores.

Los principales medios utilizados para la determinación de necesidades de formación:

- Evaluación de desempeño
- Observación
- Cuestionarios
- Solicitud de supervisores y gerentes
- Entrevistas con supervisores y gerentes
- Reuniones interdepartamentales
- Examen de empleados
- Modificación de trabajo
- Entrevista de salida
- Análisis de cargos

Existen también algunos indicadores de necesidades de formación como pueden ser:

- La modernización de maquinarias y equipos.
- Producción y comercialización de nuevos productos o servicios.
- Expansión de la empresa y admisión de nuevos empleados.
- Reducción del número de empleados.
- Calidad baja.
- Baja productividad.

- Relaciones deficientes entre el personal.
- Número excesivo de quejas, etc.

Diseño de programas

Se trata de responder a las siguientes cuestiones:

- ¿Qué debe enseñarse?
- ¿Quién debe aprender?
- ¿Cuándo debe enseñarse?
- ¿Dónde debe enseñarse?
- ¿Cómo debe enseñarse?
- ¿Quién debe enseñar?

Instrumentación

Es decir, establecer qué métodos se utilizarán (conferencias o discusiones, formación en el aula, simulaciones, etc.).

Cabe destacar la importancia que están adquiriendo los sistemas de formación *e-learnig,* es decir, la formación a través de internet, *online.*

Evaluación

Es la evaluación de los resultados obtenidos, para determinar la efectividad de los programas formativos en torno a dos cuestiones:

- Determinar hasta qué punto el programa de capacitación produjo en realidad las modificaciones deseadas en el comportamiento de los empleados.
- Demostrar si los resultados de la capacitación presentan relación con la consecución de las metas de la empresa.

Muchos son ya los hoteles, pero principalmente las cadenas hoteleras, que han puesto en marcha **programas de formación continua** con el objetivo de dotar a sus trabajadores de las habilidades personales necesarias para que ofrezcan la mejor atención posible al cliente y, a su vez, fidelizar a los trabajadores de la compañía. Algunos de dichos programas giran de forma genérica en torno a áreas como el liderazgo y la gestión estratégica, la gestión financiera, la gestión esencial, la gestión de recursos humanos o el liderazgo de proyectos.

De manera específica, algunos de los temas sobre los que versan los programas formativos son:

- Para los departamentos de pisos:

  - Trato amable y profesional con el huésped.
  - Cooperación con los demás departamentos.
  - Nuevos productos, maquinaria y técnicas de limpieza.
  - Cuidado y presentación de las flores.
  - Limpieza adecuada del mobiliario.
  - Implantación de procesos sostenibles y ecológicos en el departamento.
  - Derechos y deberes del personal.

- Para los departamentos de recepción:

  - Manejo correcto del PMS (*Property Management System - software* para gestión hotelera) y centralita.
  - Cierre del día y cuadre del diario de producción.
  - La calidad de servicio.
  - La satisfacción del cliente desde su perspectiva.
  - Las necesidades y expectativas de los clientes.
  - Técnicas de comunicación.
  - Clientes y situaciones difíciles.
  - Los principios de la calidad del servicio hacia el cliente interno y externo.
  - Atención al cliente y resolución de reclamaciones y situaciones imprevistas.

- Todos ellos con los objetivos básicos de:

  - Una formación hacia la calidad, como arma de competitividad.
  - Una formación hacia la gerencia, como instrumento de planificación empresarial.

▮ Una formación hacia la eficacia, como filosofía ante los nuevos productos y servicios del sector.

 Recuerde

Los programas de formación deben realizarse según las necesidades de la empresa, ya que no son las empresas quienes tienen que adaptarse a estos, sino al contrario.

6. Técnicas de comunicación y de motivación adaptadas a la integración de personal: identificación y aplicaciones

A través del proceso de integración, las personas aprenden sus funciones más rápidamente, y se consigue acelerar la socialización de los nuevos empleados y su contribución positiva a la organización.

La socialización es el proceso por el que un empleado empieza a comprender y a aceptar las actitudes prevalentes, los valores, las normas, los criterios y patrones de comportamiento que se postulan en la organización y sus departamentos.

Los programas de integración, que suelen ser responsabilidad del departamento de recursos humanos, pueden hacerse a través de:

■ Técnicas formales: aquellas ejecutadas por el departamento de personal o del supervisor.
■ Técnicas informales: las que lleva a cabo un grupo de iniciación o una persona del propio departamento asignado para esta labor.

Todo proceso de acogida de un nuevo trabajador en la empresa comprende la **comunicación** o transmisión de la información básica sobre los antecedentes de la empresa y la información que necesitan para realizar sus actividades de manera satisfactoria.

Esta información girará entorno a:

■ Temas de la organización global:

- Historia de la compañía.
- Estructura de la compañía.
- Nombre y funciones de los ejecutivos principales.
- Estructura de edificios e instalaciones.
- Periodo de prueba.
- Normas de seguridad.
- Descripción del proceso de producción.
- Políticas y normas.

■ Prestaciones y servicios al personal:

- Política salarial y de comprensión.
- Vacaciones y días feriados.
- Capacitación y desarrollo.
- Asesoria profesional.
- Seguros individuales y de grupos.
- Programas de jubilación.
- Servicios médicos especiales.
- Servicios de cafetería y restaurantes.

■ Funciones y deberes específicos:

- Ubicación del puesto de trabajo.
- Labores a cargo del empleado.
- Normas específicas de seguridad.
- Descripción del puesto.
- Objetivo del puesto.
- Relación con otros puestos.

■ Realizar las presentaciones pertinentes a:

- El supervisor.
- Los capacitadores.

■ Los compañeros de trabajo.
■ Los subordinados.

Estos aspectos se complementan a menudo mediante un manual de bienvenida, en donde se describen las políticas de la compañía, normas, prestaciones y otros temas relacionados.

Asimismo, también deberá estar comprendida la motivación del personal, que podrá llevarse a cabo principalmente con algunas de estas dos herramientas:

■ La herramienta de formar equipos de trabajo: cuando la gente se siente integrada, se ha cubierto el primer factor de la motivación. Las técnicas de integración grupal son: reuniones, *brainstormings, role-playing*, etc., y también, de forma informal, fuera del trabajo: reuniones en la máquina de café, actividades deportivas o culturales.
■ La herramienta de la información: es una herramienta muy poderosa que desgraciadamente no se usa todavía mucho para motivar a las personas, y que consiste, como ya hemos visto antes, en comunicar, dar información de objetivos, naturaleza del trabajo, explicar políticas de empresa, definir qué se espera de los trabajadores. Los equipos se motivan no solo cuando los directivos son participativos, sino también cuando comunican toda la información posible sobre políticas y estrategias de la empresa, resultados, nuevos productos, situación del mercado, evolución previsible del trabajo, dificultades previstas que habrá que superar, posibles problemas. Con esta situación, el trabajador se siente integrado en la empresa y más si, además de ser informado, también es consultado.

 Importante

Sentirse integrado en un equipo de trabajo es motivante, y viceversa, para integrar hay que motivar.

Existen también unas técnicas y herramientas de motivación más novedosas y otras que se utilizan a lo largo de toda la vida laboral del trabajador en la empresa. Veámoslas brevemente:

- El *raport* y el *pacing* son técnicas de integración relativamente recientes de gran resultado y éxito. Por el *raport* se produce la identificación de los objetivos y personalidades de las personas, asumiendo de común acuerdo la actitud ante el trabajo y ante la problemática profesional. El *pacing* se trata de reconocer la capacidad y el esfuerzo de una persona como aspectos más positivos de esta. Ambas técnicas son cada vez más aceptadas y aplicadas.

- La herramienta del **MBO** *(Management* por objetivos): cuando se tienen unos objetivos claros, negociados con sus jefes, y que suponen un reto, y se consigue alcanzarlos, la motivación se produce de forma automática.

- La **incentivación.** El jefe debe tener siempre recursos para otorgar algún tipo de recompensa, o al menos, que sus subordinados puedan verlo como tal. Este tipo de recompensas (carta de felicitación, prioridades en vacaciones, etc.) deben ir alguna vez acompañadas de aumento de categoría, subidas de sueldo o promociones, porque si no, pierden rápidamente su eficacia, y se vuelven desmotivantes.

- La **carrera profesional** y la **formación.** En algunas grandes compañías, cuando se prevé una vacante a cubrir por promoción interna, se fijan una serie de candidatos que saben que van a competir por el puesto y que recibirán la formación necesaria para ocuparlo. Sin embargo, cuando los ascensos se producen sin que nadie sepa por qué, lleva a situaciones de sospecha de favoritismo y tráfico de influencias.

- Técnicas *strokes,* consistentes en todos los tipos de atenciones que pueda dar o recibir de una persona. Los *strokes* pueden ser positivos (agradecimientos, abrazos, elogios, etc.), negativos (regañinas, castigos, desprecios, etc.) o en base cero (los comportamientos correctos y poco íntimos). La aplicación de técnicas *strokes* positivas motivan grandemente al empleado que ha puesto sus ilusiones y esfuerzo. La motivación será mayor cuando una de estas manifestaciones se haga pública y de forma notoria.

- La **teoría de las cuatro paredes** trata de evitar el agobio que puede sentir el trabajador por estar siempre en el mismo habitáculo, en el mismo ambiente o entorno. Por ello, el superior debe romper los ritmos repetitivos negativos, incluyendo interrumpidamente actitudes de sosiego y de gratificante circunstancia (alguna broma, alguna charla, apuestas laborales, etc.).

Además, los programas de integración incluyen procedimientos adecuados de seguimiento al proceso. En ellos, el departamento de personal puede utilizar un cuestionario o una entrevista corta en la que se pide al nuevo empleado describir los puntos que a su juicio fueron débiles.

7. Resumen

La integración es el período de adaptación del hombre no solo al puesto de trabajo y a la tarea que se le ha asignado, sino a la empresa y al entorno humano en que se desarrollará su vida laboral.

Es una función más del *management,* es decir, la tarea gerencial que coordina los recursos humanos con los materiales para lograr los objetivos de la empresa, junto con:

- La planificación y organización.
- La administración.
- La dirección y el liderazgo.
- La ejecución.
- El control.
- La evaluación de resultados.

Un documento importante en los primeros pasos del trabajador de la empresa, pero también a lo largo de toda su trayectoria laboral, es el manual de operaciones que contiene la descripción de actividades que deben seguirse en la realización de las funciones de un área o departamento, o de dos o más de ellas.

Los programas formativos en el ámbito empresarial son también una buena herramienta de integración de personal, ya que educa, instruye, adiestra e informa al nuevo. Pero, son a su vez, óptimos instrumentos internos que incrementan el potencial de la empresa a través del perfeccionamiento profesional y humano de los individuos que la conforman, su activo más valioso.

Todo proceso de integración de un nuevo trabajador en la empresa comprende:

- Comunicación o transmisión de la información básica sobre los antecedentes de la empresa y la información que necesitan para realizar sus actividades de manera satisfactoria.
- Motivación del personal, que podrá llevarse a cabo utilizando algunas técnicas, entre las más usuales, la formación de grupos dentro y fuera del trabajo, o la transmisión de la mayor información posible referente a la empresa.

Ejercicios de repaso y autoevaluación

1. De las siguientes frases, indique cuál es verdadera o falsa.

    a. Todo trabajador que se incorpora por primera vez a una empresa lo hace con mucha seguridad.

        ☐ Verdadero
        ☐ Falso

    b. La responsabilidad de cada trabajador termina con la tarea que se le ha asignado.

        ☐ Verdadero
        ☐ Falso

    c. El manual de operaciones es una pieza clave del sistema de cualquier empresa, por pequeña que sea su dimensión.

        ☐ Verdadero
        ☐ Falso

2. Las retribuciones son información que se da referente a...

    a. ... la cultura de la empresa.
    b. ... las relaciones personales.
    c. ... la política social y laboral.

3. La organización hotelera se ha caracterizado por:

    a. Estar orientada al cliente.
    b. Estar orientada a la calidad.
    c. Rigurosas divisiones del trabajo y la responsabilidad.

4. **En un manual de operaciones de pisos se describe...**

    a. ... cómo actuar ante *overbooking*.
    b. ... el servicio de cobertura.
    c. ... cómo transferir llamadas.

5. **Complete las siguientes oraciones.**

    a. El manual de operaciones debe estructurarse por _____, unidades o centros, detallándose en cada caso su posición dentro de la empresa, su _____ concreto, medios y recursos, _____ y actividades, relaciones internas, externas y comerciales y _____ y autoridad.

    b. Un curso de formación es la serie ordenada de _____, actividades, informes o _____ que se llevan a cabo en un proceso de instrucción, y que consta normalmente de una _____ y otra de aplicación de los conocimientos teóricos.

    c. El proceso de fusión consiste en una _____ en virtud de la cual un individuo va aprendiendo y aceptando _____ de un grupo siendo aceptado a su vez por el resto de _____ del grupo.

6. **Relacione las siguientes definiciones con los fines inmediatos de la formación:**

    a. Transmitir al trabajador los conocimientos necesarios para desarrollar sus funciones con la mayor preparación.
    b. Hacer una persona hábil y experta en un oficio.
    c. Reorientar o potenciar las aptitudes del trabajador para que pueda desarrollar su trabajo en las condiciones más óptimas.
    d. Comunicar todo lo relacionado con la empresa en su ámbito interno y externo.

    __ Educar
    __ Instruir
    __ Adiestrar
    __ Informar

7. ¿Cuáles son las etapas de la dirección de recursos humanos? Enuméralas.

8. ¿Cómo se definen los programas de formación?

9. ¿En qué consiste la técnica *strokes* de motivación?

10. Enuncie dos de los propósitos de los manuales de operaciones.

11. ¿Cuáles son las funciones del *management?* Enumérelas.

Capítulo 7

La dirección de personal en el área de alojamiento

Contenido

1. Introducción

El entorno actual plantea nuevos retos que deben ser asumidos por la dirección si se pretende lograr el éxito del negocio. Así, la capacidad de adaptarse a los cambios, la necesidad de una formación amplia y no sólo basada en la experiencia, la visión a largo plazo, y sobre todo, la habilidad para dirigir equipos humanos de manera adecuada son hoy factores fundamentales.

En la prestación de los servicios interviene un gran número de personas, todas y cada una de las cuales van a influir en la percepción final del cliente. Así pues, la motivación de los empleados y el estilo de liderazgo se convierten también en factores clave.

Los líderes democráticos deben evitar la imposición como forma de comportamiento. Deben ejercer el liderazgo de forma que consigan que todos los miembros de la organización asuman los objetivos generales como propios y trabajen para conseguirlos.

Así, debemos señalar el trabajo en equipo, la motivación y la comunicación como elementos clave.

2. La comunicación en las organizaciones de trabajo: procesos y aplicaciones

La comunicación es un elemento básico para el desarrollo de la vida en sociedad y esencial para la adaptación del hombre al medio en el que vive.

Puede ser un proceso de dos direcciones, o como se suele llamar de *feedback*, o de una dirección, en donde el receptor no puede expresar sus reacciones al mensaje.

En ambos casos, el receptor tendrá un papel activo, ya que interpreta el mensaje.

La **comunicación** se define como la transmisión voluntaria o involuntaria del emisor de una serie de ideas o sentimientos a un receptor, en forma de mensaje codificado y que atraviesa un canal. Supone:

■ Tener un contenido que informar por parte del comunicador, el cual esté previamente verificado.

■ Intercambiar ideas y sentimientos entre los interlocutores: emisor y receptor del mensaje.

■ Establecer relaciones e interrelaciones (en el caso de ser una comunicación de grupo) entre las personas que entran a formar parte del proceso.

■ Generar una estructura con diferentes canales de comunicación.

El contenido de la comunicación, por su carácter bidimensional, es también doble, por un lado el elemento de la información, y por otro el elemento persuasivo.

El elemento informativo tiene como objetivo la comunicación intelectual, es decir, enviar un mensaje explícito para que el destinatario reciba la información.

El elemento persuasivo emite un mensaje afectivo que va a influir en gran medida en la postura positiva o negativa que adopte el receptor.

Es por este elemento que es primordial tener en cuenta los rasgos de la personalidad de los interlocutores, la seguridad a la hora de transmitir, el entorno donde se desarrolla la comunicación y todos aquellos factores ajenos al proceso que pueden obstaculizar la forma de recibir el mensaje.

Las actuales teorías de gestión empresarial consideran la comunicación en las empresas como uno de los factores estratégicos de la política de organización y como el medio más adecuado para alcanzar el compromiso sociolaboral.

 **Importante**

La comunicación es un factor estratégico de la política de organización.

Puede parecer que el proceso comunicativo se dé de forma más fácil y espontánea en empresas pequeñas donde el contacto entre jefes y subordinados es constante, y que en las medianas y grandes organizaciones, más dispersas y estratificadas, suponga una mayor dificultad, ya que la información no se transmite directamente sino que pasa de unos estamentos a otros por delegación, lo que acarrea modificaciones (voluntarias o no) del mensaje.

Sin embargo, la mayoría de los problemas en la comunicación empresarial, más que por el tamaño de las organizaciones, radica en la elección de un lenguaje no apropiado a cada momento y situación.

Todos los empleados no tienen el mismo nivel cultural, ni gozan de la misma posición dentro de la empresa, por lo tanto puede suceder que la persona a quien va dirigido el mensaje no tenga la misma concepción de las cosas que el emisor, lo que supone que no recibe el mensaje tal y como desearía su interlocutor.

La comunicación dentro de la empresa obedece a una exigencia funcional, por lo que se producen distintas formas de comunicación, según las necesidades, cometidos, y esquema organizativo de cada empresa.

Tiene como **funciones genéricas:**

- Hacer que circule la información (que llegue a donde debe llegar).
- Socializar a los empleados.
- Estimular la estructura jerárquica.
- Crear una imagen interna que facilite un sentimiento de orgullo y pertenencia grupal.

Y como **funciones específicas:**

■ Afianzar, fomentar o cambiar la cultura corporativa existente.
■ Apoyar el logro de los objetivos, las políticas, los planes y programas corporativos.
■ Generar el entendimiento de los temas complejos en audiencias internas cada vez más diversificadas.
■ Satisfacer las necesidades de información y comunicación de las audiencias internas.
■ Construir una identidad de la empresa en un clima de confianza y motivación.
■ Hacer públicos los logros conseguidos por la empresa.
■ Permitir a cada empleado expresarse ante la dirección.
■ Contribuir a la creación de espacios de información, participación y opinión.
■ Facilitar la integración de las relaciones personales con las institucionales.
■ Reducir los focos de conflicto interno a partir del fortalecimiento de la cohesión de los miembros.

Las diversas modalidades en las que puede manifestarse la comunicación se pueden agrupar:

1. Por la estructura:

■ Informal: no se ajusta a las reglas convencionales. Trata de evitar tensiones y crear un ambiente más distendido.
■ Formal: se ajusta a un modelo preestablecido. Es el tipo más utilizado para transmitir órdenes y partes de ejecución y control.

CANAL Y COMUNICACIÓN FORMAL E INFORMAL		
	FORMAL	INFORMAL
CANAL	Correo electrónico Memorando Comunicado Reunión Revistas y boletines Entrevista con el jefe Cartelera Intranet	Correo electrónico Sobremesa de almuerzo laboral Cena en casa del jefe Reunión *after-office* Partido de golf Vía pública
COMUNICACIÓN	Norma de trabajo Información de prensa Orden superior Entrevista de evaluación Informe de resultados	Charla con el colega Mensaje por correo electrónico *Off the record* al periodista Comentario telefónico Rumor

2. Por el canal de transmisión:

■ Comunicación lingüística (verbal): oral y escrita: se utiliza en notas, partes, circulares, peticiones y relaciones, actas (se utiliza para dejar constancia de un acontecimiento de interés con expresión del lugar, la hora y los componentes de la reunión), informes (es el documento más utilizado para la comunicación en la empresa y el más completo pues aporta ideas por parte del emisor y plantea soluciones a los problemas), etc.

■ Comunicación no lingüística (no verbal): algunas formas típicas de esta comunicación son la gesticulación, la proximidad o contacto y aspectos del entorno.

3. Por su alcance:

■ Comunicación externa: transmitir imagen interna hacia el exterior (a clientes, proveedores, competencia, inversionistas, administración, etc.)

■ Comunicación interna: transmitir información a la propia empresa. Es fundamental para planificar, decidir, organizar y controlar. Puede ser escrita (manuales de funcionamiento, periódicos de empresa, base de datos, etc.) u oral (órdenes jerarquizadas, discusiones de grupo o entrevistas).

4. Por su sentido:

- Comunicación descendente (órdenes, instrucciones): su finalidad es transmitir desde la dirección o jefes de departamento a los subordinados.
- Comunicación ascendente (sugerencias, control): su finalidad es obtener datos y noticias relativas a la moral, aspiraciones, deseos u opiniones de empleados, así como del trabajo diario.
- Comunicación horizontal: es la comunicación entre iguales. La forma más usual para llevarla a cabo son las reuniones de grupo.

Formas de comunicación interna (Lucas, 1997: 166)			
	DESCENDENTE	**HORIZONTAL**	**ASCENDENTE**
FORMAL	Con los subordinados	Con los colegas	Con los jefes
INFORMAL	Con los seguidores	Con los amigos	Con los líderes

 Aplicación práctica

Hoy día 10 de marzo a las 10 de la mañana, ha tenido usted, director/a del Hotel "Mirador del Valle", ubicado en la estación de Formigal en los Pirineos, una reunión con los distintos jefes de departamentos en la que se ha tratado como único punto del día el cierre del hotel hasta el año próximo una vez finalice la temporada invernal.

Redacte un acta de la reunión celebrada. Tome en consideración la forma que tendría la misma y los datos esenciales, y no tanto el contenido, que puede quedar más abierto.

Continúa en página siguiente >>

<< Viene de página anterior

SOLUCIÓN

El acta podría tener la siguiente forma:

En Formigal a 10 de marzo de 2025, siendo las 11 horas, en las dependencias del Hotel Mirador del Valle, tras la convocatoria para el efecto, se reúnen, los miembros que a continuación se relacionan:

- Jefe de departamento de habitaciones.
- Jefe de departamento de *food & beverage.*
- Jefe de departamento comercial.
- Jefe de animación.
- Jefe de departamento de mantenimiento y seguridad.
- Departamento de administración.
- Departamento de recursos humanos.

A todos los asistentes se les entregó una copia del orden del día con el asunto a tratar.

Abierto el acto por el Sr/Sra. Director/a, pasa a continuación a tratar los siguientes asuntos incluidos en el orden del día.

1. Aprobación del día 2 de mayo como último día de apertura para los huéspedes en la temporada 2024-2025.
   Se aprueba el día propuesto por el Director/a...
2. Aprobación de la semana del 3 al 10 de mayo, para realizar tareas varias destinadas a la clausura del hotel hasta la próxima temporada.
   Consta propuesta del Jefe de Mantenimiento para que...
   Se acuerda...
3. Reparto de tareas entre los diferentes departamentos
   Se debaten las tareas a repartir, y escuchadas las propuestas y sometidas a votación, se acuerda...

La comunicación debe transmitirse de modo que todos los empleados conozcan cuáles son sus objetivos generales, sus tareas, sus responsabilidades, cómo se les valora y el grado de cumplimiento de sus responsabilidades.

Deben contar con todas las referencias relevantes de otras tareas o departamentos que les permitan contemplar la totalidad del producto.

La información debe circular en todas las direcciones posibles: vertical ascendente, vertical descendente y horizontal entre departamentos.

 Nota

Las nuevas tecnologías (internet, correo electrónico, videoconferencias, etc.) facilitan de forma importante esta tarea pero no debemos olvidar los medios tradicionales (tablones, boletines, informes, etc.).

3. Negociación en el entorno laboral: procesos y aplicaciones

Según la Constitución Española, la negociación colectiva ha de ser la forma habitual de regular las condiciones de trabajo en las empresas (Constitución Española, art. 37.1).

Puede definirse el **convenio colectivo** como el acuerdo suscrito por los representantes de los trabajadores y los empresarios para fijar las condiciones de trabajo y productividad y regular la paz laboral a través de las obligaciones que se pacten.

Otras definiciones del mismo son:

Para el jurista Alonso Olea:

Es el contrato celebrado por representantes de trabajadores y empresarios para la regulación de las condiciones de trabajo.

Y en el Estatuto de los Trabajadores (art.82) se define como:

El resultado de la negociación desarrollada por los representantes de los trabajadores y de los empresarios que constituye la expresión del acuerdo libremente adoptado por ellos en virtud de la autonomía colectiva.

La característica fundamental es su regulación profesional, referida a grupos determinados de trabajadores y empresarios, con una vigencia determinada y un contenido concreto.

Los convenios colectivos podrán regular materias de índole económica, laboral, sindical y, en general, cuantas otras afecten a las condiciones de empleo y al ámbito de relaciones de los trabajadores y sus organizaciones representativas con el empresario y las asociaciones empresariales.

Forman parte de su contenido:

■ La política de empleo y contratación (medidas extintivas, nivel salarial, subcontratación, etc.).
■ La organización del trabajo (puestos de trabajo y grupos profesionales).
■ Modificaciones sustanciales de las condiciones de trabajo: individuales y colectivas.
■ Igualdad y no discriminación.
■ Horas extraordinarias.
■ Conciliación vida laboral y personal.
■ Salud laboral.

Su contenido mínimo será el siguiente:

a. Partes que lo conciertan.
b. Ámbito personal, funcional, territorial y temporal.
c. Procedimientos para solventar de manera efectiva las discrepancias que puedan surgir en la negociación para la modificación sustancial de las condiciones de trabajo.
d. Forma y condiciones de denuncia del convenio.

e. Plazo máximo para el inicio de la negociación de un nuevo convenio una vez denunciado el anterior.

f. Plazo máximo para la negociación de un nuevo convenio.

g. La adhesión y el sometimiento a los procedimientos establecidos.

h. Designación de una comisión paritaria.

La **negociación colectiva** está sometida a un procedimiento concreto que abarca cuatro fases definidas:

1. Denuncia del convenio por parte de los trabajadores (si es que existe convenio anterior) o promoción de nuevo convenio en su caso. Esta fase abre la negociación colectiva y es iniciada por los representantes de los trabajadores, siendo su destinatario la propia empresa o el conjunto de las empresas del sector.

2. Composición de la comisión negociadora que, una vez cumplidos los correspondientes plazos, quedará integrada por dos fracciones definidas, según representen a los trabajadores o a la empresa. En ciertos casos, puede nombrarse un presidente de la comisión que con independencia actúe con criterios arbitrales.

3. Discusión y acuerdo de los temas que han de tratarse aceptándose la solución a cada problema planteado con el 60 % de los votos favorables de cada fracción negociadora.

4. Validez del convenio tras la firma final del mismo y su homologación por la autoridad laboral.

Pueden existir diversos **tipos de convenios** por su ámbito de aplicación:

- Convenio de centro: el pactado para un determinado centro de trabajo o unidad productiva.
- Convenio de empresa: pactado para todos los trabajadores de una empresa.
- Convenio sectorial: pactado para todas las empresas y trabajadores de un sector determinado.
- Por su área geográfica: de ámbito nacional, autonómico, provincial o local.

Recuerde

Ambas partes, los trabajadores y los empresarios, estarán obligadas a negociar bajo el principio de la buena fe.

4. Solución de problemas y toma de decisiones

Uno de los aspectos fundamentales en la dirección de los recursos humanos es la toma decisiones para sí o para otros, dentro de la función de liderazgo.

Los estilos en la toma de decisiones están muy relacionados con las características propias de la personalidad de cada líder (impulsividad, inestabilidad emocional, obsesión). Por ello, es importante tener presente algunas consideraciones:

- Hay que ceñirse a los problemas que le competen, lo que le llevará a centrarse en el núcleo de los verdaderos problemas y necesidades.
- No hay que dejarse presionar ni influir.
- Hay que tomar las decisiones de forma individual, aunque algunas decisiones estén relacionadas con otras.
- Hay que decidir teniendo en cuenta las evidencias.
- Hay que aceptar el riesgo de decidir. Ninguna decisión está exenta de riesgos.
- Hay que incluir siempre una alternativa, para el supuesto de que ocurran circunstancias imprevistas.
- Hay que equiparar la decisión con la acción, es decir, tomada una decisión, hay que ponerla en práctica.
- Hay que saber revocar una decisión si es incorrecta.

La capacidad de tomar decisiones encuentra su máxima expresión en la capacidad de solucionar problemas.

Todo el proceso de solución de problemas es un ejercicio de toma de decisiones, en el que es conveniente tener en cuenta los siguientes principios:

- Ser consciente de la existencia de los problemas.
- Objetividad.
- Visión.
- Conocimiento, es decir, conocer bien el asunto a resolver.
- Mente abierta y flexibilidad.
- Elección entre varias alternativas.
- Consultar.

Dentro de los problemas más corrientes de la empresa, se encuadran los **conflictos laborales.**

Dado que las relaciones humanas son complicadas por sí mismas, es lógico que su ejercicio permanente en el seno laboral origine ciertas fricciones entre empresarios y trabajadores. También es lógico que ambas partes intenten solucionar sus divergencias por la vía del diálogo y la negociación, por lo que los conflictos laborales deberán producirse tan solo como recurso final de las partes.

Se puede definir el concepto de conflicto como la situación incierta ante el resultado de una actividad. Conflicto laboral será, por tanto, la alteración de la normalidad de las relaciones laborales con motivo de la interpretación, aplicación o modificación de la norma que regula las indicadas relaciones.

Los conflictos laborales pueden ser:

a. **Individuales:** cuando afectan a la discrepancia entre la empresa y un trabajador sobre existencia, ejecución, interpretación, renovación o extinción de un contrato de trabajo.
b. **Colectivos:** cuando se produce entre un grupo de trabajadores y un empresario o grupo de empresarios.

La solución de los conflictos colectivos puede alcanzarse por varías vías: solución pactada entre las partes (mutuo acuerdo) o por imposición de la autoridad laboral.

Recuerde

La falta de decisión es signo de falta de confianza y determinación. La rapidez con la que una persona concuerde su acción con su decisión es una buena medida para juzgar su liderazgo personal.

5. El liderazgo en las organizaciones: justificación y aplicaciones

El manager o líder es el elemento clave de las organizaciones. Es el responsable de la actuación de otras personas, es quien debe coordinar su actuación para alcanzar los objetivos.

Según Henry Fayol, teórico de la Administración de Empresas, un buen líder:

Es la persona que intenta conseguir los objetivos que se le han marcado, con los recursos que le asignan, procurando conseguir la felicidad de las personas a su cargo.

Tiene que tener las siguientes características y realizar las siguientes funciones:

1. Debe realizar una función de planificación o de estrategia. Debe saber a dónde va, y fijar los objetivos a alcanzar.
2. Debe ser capaz de organizar.
3. Tiene que integrar al personal, saber qué personas necesita y poder elegirlas en función de sus características. Tiene que poder formarlos e integrarlos en equipos de trabajo.
4. Debe dirigir esos equipos de trabajo. Llevando a la gente con capacidad de liderazgo.
5. Tiene que controlar.

El **liderazgo** se define como la capacidad de ciertas personas para influir en otras, de forma que, por convencimiento y con entusiasmo, se esfuercen en cumplir las instrucciones para alcanzar las metas del grupo.

Históricamente, el comienzo del liderazgo estuvo en el poder de las culturas autoritarias.

En la actualidad, y a partir de los años 60 del siglo XX, el concepto de líder evoluciona hasta el que tenemos hoy en día, que es el de aquel que tiene la capacidad de motivar a los suyos y hacer que le sigan, basándose en estas cualidades:

- El poder (el liderazgo es una cualidad).
- La comprensión de las personas.
- El inspirar a sus seguidores.
- Crear un ambiente que haga que las personas se sientan a gusto.
- Facilitar y ayudar a conseguir los objetivos.

 Importante

El líder debe motivar y hacer que le sigan.

 Sabía que...

Según la teoría conductista, los rasgos del liderazgo son:

- Físicos: energía, apariencia y estatura.
- Psicológicos: inteligencia y habilidad.
- Personalidad: adaptabilidad, agresividad y confianza en sí mismo.
- Sociales: cooperación, comunicación y habilidad administrativa.
- Relacionados con el trabajo: perseverancia, iniciativa y vocación de logros.

Según el comportamiento del líder frente al grupo, el liderazgo puede ser de diferentes tipos:

1. **Líder autocrático:** ordena y espera ser obedecido, dirige por el sistema de recompensa-castigo, y es dogmático (el jefe siempre tiene la razón).
2. **Líder participativo:** consulta siempre a sus subordinados. Las decisiones puede tomarlas luego el, o consensuarlas con su grupo.
3. **Líder de rienda suelta** *(laissez faire)*: supervisa muy poco a sus subordinados, y deja que ellos mismos fijen sus metas. Se limita a proveerlos de medios e información y servirles de mediador entre el grupo y la empresa o entre el grupo y el exterior.

Es obligación del manager encontrar el estilo de liderazgo que según las circunstancias le permita llevar a su grupo bien motivado a la consecución de sus objetivos.

Para llevar a la práctica estos estilos de liderazgo se aplican cuatro sistemas:

1. **Sistema de explotación-autoritario:** las decisiones se toman exclusivamente en la cumbre. Y se aplica la teoría del palo y la zanahoria (si el trabajador lo hace mal se le castiga (palo), si lo hace bien se le premia (zanahoria), y si se requiere un esfuerzo o hacer algo difícil se le incentiva (palo y zanahoria). Pero hace más uso del palo.
2. **Sistema benevolente-autoritario:** es el también llamado paternalista. En este sistema se utiliza más la zanahoria. Sin embargo, las decisiones se siguen tomando en la cumbre y el control es estricto.
3. **Sistema de consultas:** abre canales de comunicación ascendente y descendente. Las decisiones principales siguen residiendo en la cumbre pero se permite a los subordinados las decisiones secundarias, y además permite la delegación y descentralización.
4. **Sistema participativo-grupal:** su sistema de recompensas está fijado en función de la participación y consecución de objetivos. Las decisiones son consensuadas, y se busca la motivación y la actuación del equipo de trabajo como un todo.

En definitiva, todos los estilos, sistemas y rasgos, deben adaptarse al entorno, la cultura y la naturaleza de los subordinados.

Los factores que determinarán su elección son:

- **El poder del puesto.** Si un puesto tiene poco poder, y no debe tomar muchas decisiones o dar muchas órdenes, el liderazgo no puede realizarse.
- **La estructura de la tarea.** Habrá tareas que requieran un estilo y sistema, y otras que requieran de otros estilos y sistemas.
- **Las relaciones líder-seguidores.** El liderazgo siempre hay que realizarlo a través de la confianza de los seguidores. Este solo existirá en tanto que los subordinados le vean como tal líder.

Recuerde

Hay una relación estrecha entre liderazgo y motivación, ya que los líderes deben ser capaces de motivar a sus equipos, y los equipos motivados aceptan sin reservas el liderazgo de sus mandos.

6. Dirección y dinamización de equipos y reuniones de trabajo

Desde el punto de vista de la dinámica de grupos, el conductor de un grupo se define como aquella persona que posee los conocimientos y las dotes necesarias para conseguir que este funcione correctamente, siempre según unos principios establecidos y sea cual sea el motivo por el que se haya constituido.

En un sentido más amplio, el director es aquella persona que aglutina a un colectivo de individuos y lo hace funcionar, no solo para conseguir un fin concreto, sino también para llevar a cabo una gestión que se realizará en un espacio de tiempo más o menos extenso.

De los tres factores, antes mencionados, el poder del puesto, la estructura de la tarea, y las relaciones líder-seguidores, el único que está en manos del director es este último.

Algunas de las técnicas que se utilizan para mejorar estas relaciones son las interacciones grupales en los equipos y las reuniones de trabajo.

Los grupo o equipos de trabajo son el conjunto de personas que normalmente deben conseguir un objetivo común (departamento, sección, división, directo, proyecto, área, etc.). Normalmente este grupo tiene un jefe, que, a su vez, tiene la autoridad delegada.

Pero una cosa es la autoridad delegada y otra la autoridad moral que produce el liderazgo.

 Recuerde

"La jefatura te la dan pero la autoridad hay que ganársela día a día".

Para ganarse la autoridad (la capacidad de liderazgo), y conseguir la confianza de los subordinados, estos deben estar convencidos de que siguiendo al jefe se conseguirán sus objetivos particulares y los de la empresa. Los directivos deben aplicar todas las técnicas a su alcance, pero sin olvidar que en un grupo hay un factor adicional, que es la presencia de líderes naturales que no son el jefe.

Las situaciones que se presentan en los grupos pueden ser básicamente:

- Que el jefe sea uno de los líderes naturales, aunque puede haber además otros líderes en el grupo. En este caso, la misión del jefe será formar equipo con los otros líderes, o con al menos los más influyentes, para unificar al grupo y mantener su liderazgo y autoridad.
- Que el jefe no sea el líder natural, y existan además otros líderes. Este caso es el más problemático para el jefe, ya que este no tiene carisma y el liderazgo lo ejerce alguno de sus subordinados. La solución pasará por

utilizar a los líderes naturales para ejercer un liderazgo por delegación y, a través de ellos, dirigir al grupo para conseguir los objetivos.

■ Que no existan líderes. En él, la misión del jefe para convertirse en el líder del grupo será motivarlos, ganarse su confianza, e intentar hacer valer sus rasgos naturales aplicados a su estilo de dirección.

Las reuniones de trabajo son una de las herramientas más poderosas para ejercer el liderazgo.

El directivo puede usar una reunión para:

■ Aglutinar al grupo y fomentar la cohesión.
■ Fijar políticas comunes.
■ Fomentar la participación y la motivación.

En función de la finalidad de estas, podrán ser de uno u otro tipo:

■ **Informativas:** en ella el jefe transmite información a los subordinados.
■ **Decisorias:** sirven para tomar en conjunto una decisión frente a una serie de alternativas establecidas y planteadas. En estas reuniones es importante saber escuchar, recapitular las principales aportaciones de los subordinados, fomentar la participación de todos en la reunión, ejercer el papel de moderador y evitar que las discusiones no generen en batallas dialécticas.
■ **Creativas:** se utilizan para buscar las soluciones alternativas para enfrentarse a un problema. Las más conocidas son las llamadas *brainstorming*. Lo que busca este tipo de reuniones es explotar el conocimiento del trabajo y de la situación que solo pueden poseer las personas que lo están realizando diariamente, y que normalmente no llegan nunca a nivel de jefe.

Y deben seguir las siguientes **reglas:**

1. Grupos como máximo de 10 personas.
2. Respetar un orden: fase de producción, fase de análisis y fase de concreción.
3. El jefe debe actuar como coordinador del grupo.

4. Todas ellas deben estar preparadas con la adecuada antelación en cuanto a la documentación, el lugar de reunión, la convocatoria, el horario y el moderador.

5. Todos los participantes deben recibir con la suficiente antelación toda la documentación referente a la misma: tipo de reunión, orden del día, fecha, lugar y hora de la convocatoria, y los documentos de trabajo que se van a utilizar en la reunión referente a cada tema.

6. El lugar de reunión debe estar preparado con todos lo materiales y medios necesarios para la misma (papel, retroproyector, pizarra, etc.). Los puestos deben estar colocados de manera que todos puedan participar y la luz debe ser suficiente.

7. Las reuniones deben ser cortas, en torno a una hora, ya que si no, no se sacará ningún provecho de las mismas.

8. La reunión debe ser a una hora cómoda. Se recomiendan horarios alrededor de las diez de la mañana.

9. Debe ser nombrado un moderador o coordinador (que será el líder del grupo o uno de los líderes naturales) que debe preocuparse de que cada participante cumpla con su papel, que la reunión cumpla el orden del día y alcance los objetivos fijados.

 **Recuerde**

Las reuniones de trabajo fomentan la cohesión, la participación y la motivación.

7. La motivación en el entorno laboral

La dinámica y la agilidad del sector turístico no ha permitido que se tomara conciencia de la necesidad de la motivación hasta hace unos años.

En España, solo es partir de los años 60 y 70, cuando los directivos de las empresas empiezan a motivar a sus equipos de trabajo (por lo menos en las empresas de éxito), advirtiendo que el personal motivado era capaz de rendir más con mucho menos fatiga, asumir con más responsabilidad los cambios, y alcanzar los objetivos de la empresa, cumpliendo al mismo tiempo sus objetivos personales.

Motivar significa técnicamente buscar el resorte que impulse a una conducta o despierte un instinto.

 Sabía que...

Existe una cadena: necesidad, deseo y satisfacción.

La persona que tiene una necesidad, tiene el deseo de satisfacerla. La satisfacción de la necesidad provoca bienestar y motivación a causa del deseo satisfecho.

Necesidad ⟶ Deseo ⟶ Satisfacción ⟶ Motivación

Un trabajador motivado se caracteriza por:

- Tener una buena imagen de la empresa y de sí mismo.
- Tener una buena imagen de su trabajo. Se encuentra satisfecho con el trabajo que produce.
- Aceptar de buen grado los cambios.
- Absorber sin fatiga los aumentos en el ritmo en el trabajo.
- Su trabajo le parece interesante y enriquecedor.

Hay que tener en cuenta cinco principios básicos:

1. Hay factores motivantes y desmotivantes. Todos son necesarios pero no suficientes (por ejemplo, las medidas sanitarias sí motivan, pero si no existen, desmotivan).
2. La verdadera motivación se produce por el trabajo.
3. La motivación está en estrecha relación con la cultura y la capacidad de liderazgo de los directivos de las empresas.

4. La motivación tiene siempre relación con el logro de alcanzar unos objetivos claramente marcados, medibles y alcanzables, y que supongan un reto o una dificultad.

5. La motivación siempre tiene que ver con el reconocimiento.

Para que el personal se sienta motivado son necesarios cinco factores:

- Que se sienta parte de un equipo: la motivación implica pertenencia-aceptación.
- Los objetivos personales deben coincidir o al menos ser compatibles con los objetivos generales del grupo o empresa.
- Saber cómo y cuánto su trabajo contribuye al trabajo del equipo y a la consecución de los objetivos marcados.
- Que su trabajo le sea reconocido.
- Tener clara la carrera profesional.

 Importante

Es motivante saber cómo y cuánto contribuye nuestro trabajo al logro de los objetivos.

Según la Teoría del éxito y los beneficios...

Cuando en una organización se cumplen los cinco factores, la motivación de sus equipos está garantizada. Por el contrario, cuando faltan tres, la desmotivación es segura. En el intermedio, se darán situaciones locales de motivación y de desmotivación según el número de factores que falten.

Aplicación práctica

Como director/a y líder formal de una empresa hotelera, desea conocer la motivación que existe en su plantilla.

Propone para ello una entrevista personal que un equipo externo de la empresa realizará de manera individual a cada trabajador/a. Plantee las preguntas que deberá contener la entrevista (entre 7 y 10 preguntas).

SOLUCIÓN

Algunas de las preguntas que podrían contener la entrevista son:

1. ¿Está contento/a con el puesto que ocupa?
2. ¿Cubre su salario sus necesidades básicas?
3. ¿Son satisfactorias las condiciones de trabajo (lugar, horarios, etc.)?
4. ¿Se siente integrado en el equipo de trabajo?
5. ¿Conoce los objetivos de la empresa?
6. ¿Coinciden o son compatibles con sus objetivos personales?
7. ¿Es reconocido su trabajo?
8. ¿Conoce cómo y cuánto contribuye su trabajo a la consecución de los objetivos de la empresa?
9. ¿Existe una comunicación fluida entre sus superiores, compañeros y subordinados?
10. ¿Tiene clara su carrera profesional dentro de esta empresa?

La **desmotivación** es un estado carencial del trabajador en la empresa que se caracteriza por:

- **Tedio o aburrimiento:** es el estado en que el trabajador se aburre en su trabajo.
- **Fatiga:** es más un estado psicológico que un estado físico. Supone sentirse permanentemente al borde de las fuerzas, que no suele tener nada que ver con el trabajo realizado.
- **Absentismo y apatía:** el absentismo puede ser físico cuando el trabajador falta a su trabajo, o virtual cuando el trabajador acude al trabajo, aunque se ausenta con su cabeza del mismo.

No es fácil alcanzar la motivación de los equipos de trabajo, ni llevar a las empresas a una situación que la facilite. Para conseguir estos dos objetivos deben cumplirse cuatro requisitos:

1. Llevar a la empresa a una cultura de objetivos.
2. Tener unos canales de comunicación ascendentes y descendentes, completamente abiertos y por los que fluya la comunicación.
3. Trabajar en equipo.
4. Mantener una política de personal de carreras abierta.

Las diferencias entre las empresas motivadas y las que no lo están son:

a. Una sinergia increíble: la capacidad de trabajo, la capacidad de resolución de problemas, la capacidad de cambio y la capacidad de adaptación se multiplican.
b. La fatiga relativa y el absentismo se reducen. Los conflictos internos disminuyen. Las personas motivadas se sienten responsables, no prisioneras, de su trabajo.
c. Se produce un efecto de dinámica continua. En las empresas motivadas, la gente se siente implicada y partícipe de los éxitos y fracasos de las mismas.
d. Se mejora la calidad del producto y del servicio. El trabajador que se identifica con la empresa y con sus objetivos busca satisfacer al cliente externo y procura evitar cualquier tipo de fallo en el producto.

En este momento, se manifiesta una época de cambios acelerados. Y el cambio exterior exige cambios interiores en las empresas. El mercado cambia, cambian las tecnologías, incluso las culturas de los países.

El futuro solo pertenecerá a quienes puedan seguir el ritmo que marque el mercado. Y para implantar los cambios necesarios una de las condiciones esenciales que deben cumplir las empresas es que tengan ejecutivos que quieran y sepan motivar a su personal.

8. Resumen

La comunicación es un elemento básico para el desarrollo de la vida en sociedad y, en el entorno empresarial, es además uno de los factores estratégicos de la política de organización y el medio más adecuado para alcanzar el compromiso sociolaboral.

La comunicación dentro de la empresa obedece a una exigencia funcional, por lo que se producen distintas formas de comunicación, según las necesidades, cometidos, y esquema organizativo de cada empresa: formal o informal, verbal (oral o escrita) o no verbal, y ascendente, descendente u horizontal.

Según la Constitución Española, la negociación colectiva ha de ser la forma habitual de regular las condiciones de trabajo en las empresas, que quedará reflejada en los distintos convenios colectivos como el acuerdo suscrito entre los representantes de los trabajadores y los empresarios.

Uno de los aspectos fundamentales en la dirección de los recursos humanos es la toma decisiones para sí o para otros, dentro de la función de liderazgo, que encuentra su máxima expresión en la capacidad de solucionar problemas, dentro de los cuales los más corrientes son los conflictos laborales.

El liderazgo se define como la capacidad de ciertas personas para influir en otras, de forma que, por convencimiento y con entusiasmo, se esfuercen en cumplir las instrucciones para alcanzar las metas del grupo.

Existen varios estilos de liderazgo, que se aplican a través de diferentes sistemas, según el entorno, la cultura y la naturaleza de los subordinados.

Las relaciones entre el líder y sus seguidores, se pueden mejorar a través de técnicas como las interacciones grupales en los equipos y las reuniones de trabajo.

La motivación de estos equipos de trabajo producirá efectos en la empresa, como el aumento de la capacidad de trabajo, de la capacidad de resolución de problemas, de la capacidad de cambio y de la capacidad de adaptación; la disminución de absentismo o conflictos laborales; la mayor implicación de los trabajadores; y la mejora de la calidad del producto y de servicio.

Ejercicios de repaso y autoevaluación

1. **De las siguientes frases, indique cuál es verdadera o falsa.**

   a. La negociación colectiva ha de ser la forma habitual de regular las condiciones de trabajo en las empresas.

      □ Verdadero
      □ Falso

   b. Existe una cadena que va en este orden: necesidad, deseo, satisfacción.

      □ Verdadero
      □ Falso

   c. El sistema de liderazgo de explotación-autoritario es también conocido como paternalista.

      □ Verdadero
      □ Falso

2. **Las reuniones de trabajo deben...**

   a. ... ser lo más largas posible, como mínimo de una hora de duración.
   b. ... ser de grupos como mínimo de 10 personas.
   c. ... ser a una hora cómoda, por ejemplo las 10 de la mañana.

3. **El conflicto laboral...**

   a. ... es la alteración de la normalidad en las relaciones laborales.
   b. ... siempre es colectivo.
   c. ... es colectivo cuando afecta a la empresa y un trabajador.

4. **Un trabajador motivado se caracteriza por:**

   a. Aceptar con reticencia los cambios.
   b. Tener una buena imagen de sí mismo, pero no de la empresa.
   c. Tener una buena imagen de su trabajo.

5. **Complete las siguientes oraciones.**

   Las actuales teorías de _____ empresarial consideran a la _____ en las empresas como uno de los factores estratégicos de la política de _____ y como el medio más adecuado para alcanzar el compromiso _____.

   El liderazgo se define como la capacidad de ciertas personas para _____ en otras, de forma que por _____ y con entusiasmo se esfuercen en cumplir las instrucciones para _____ las metas del grupo.

   Para ganarse la _____ (la capacidad de liderazgo), y conseguir la confianza de los _____, estos deben estar convencidos de que, siguiendo al jefe, se conseguirán sus objetivos _____ y los de la empresa.

6. **Relacione las siguientes modalidades de comunicación.**

   a. Órdenes.
   b. Charla con el colega.
   c. Informes.
   d. Gesticulación.
   e. Sugerencias.

   __ Comunicación verbal escrita.
   __ Comunicación no verbal.
   __ Comunicación ascendente.
   __ Comunicación descendente.
   __ Comunicación informal.

7. ¿Para qué puede usar el directivo las reuniones de trabajo?

8. ¿Cuáles son las funciones genéricas de la comunicación?

9. ¿Qué requisitos deben cumplirse para alcanzar la motivación en los equipos de trabajo?

10. ¿Qué tipos de liderazgo existen? Descríbalos brevemente.

11. Enumere las fases del procedimiento de negociación colectiva.

Capítulo 8

Aplicaciones informáticas para la administración de áreas de alojamiento

Contenido

1. Introducción

El turismo, uno de los principales sectores económicos de nuestro país, ha ido incorporando paulatinamente en los últimos años las nuevas tecnologías a sus organizaciones, a través de herramientas para la promoción de sus servicios en Internet, a través de páginas web y publicación de anuncios, pero principalmente con herramientas para la gestión y control de la empresa, indispensables para afrontar la alta competitividad del mercado actual y poder ofrecer los niveles de calidad exigidos por los clientes.

Estas herramientas de gestión, que se conocen como sistemas informáticos de gestión hotelera (SIGH), han evolucionado y se han adaptado a los avances que se han producido en el *hardware* y el *software,* y lo siguen haciendo hacia nuevos sistemas que cubran totalmente todos los procesos realizados en el hotel.

2. Tipos y comparación

Todos los establecimientos de alojamiento turístico, en mayor o menor medida, necesitan gestionar y controlar sus negocios, conociendo en cada momento el estado de la gestión de la empresa.

Dicha gestión se realiza hoy en día en la gran mayoría de estos establecimientos mediante el uso de aplicaciones informáticas que controlan todas y cada una de las áreas del negocio.

Además, según **Kasavana,** aporta las siguientes funciones:

■ Apoya al proceso de toma de decisiones.
■ Ayuda a la monitorización y operaciones de control.
■ Da respuesta a las necesidades dinámicas de la empresa.

Además, se debe tener en cuenta que, en los establecimientos de alojamiento turístico, existe un estrecho contacto con el cliente, lo que produce una serie de interacciones a todos los niveles:

■ Hombre-máquina (por ejemplo, al realizar un *check-in* o una reserva).
■ Máquina-máquina (por ejemplo, por el reparto automático de cargos entre un punto de venta y el SIGH).

De forma que se funden por un lado los trabajos realizados por agentes humanos y por otro los trabajos basados en la interacción hombre-máquina.

Estas aplicaciones informáticas, los sistemas informáticos de gestión hotelera, los SIGH, consisten en un conjunto de bases de datos más el procesamiento asociado, además de una serie de funciones de interconexión con otros sistemas auxiliares como centrales telefónicas o terminales de punto de venta (TPV).

Todos los SIGH deben contemplar una serie de procesos, que representan a todo el hotel completo, y se reflejan en lo que se llama el **mapa *workflow*.**

La *Workflow Management Coalition* (WfMC) define *workflow* como (WfMC, 1996):

La automatización de procesos de negocios, en su totalidad o en parte, en función de cómo sus documentos, información o tareas son pasadas de un participante a otro para realizar su tarea de acuerdo a un conjunto de reglas.

Según Rusinkiewicz y Sheth (1994):

Workflow es un conjunto de actividades que abarca la ejecución coordinada de múltiples tareas desarrolladas por diferentes entidades procesadoras para llegar a un objetivo común.

Este *workflow* inicial se divide en cuatro flujos de trabajo:

1. **Reserva:** es un *workflow* opcional ya que un cliente puede acceder a los servicios del hotel sin reserva previa.
2. *Check-in:* proceso de entrada del cliente en el hotel.
3. **Estancia del cliente:** periodo en el que el cliente va usando los distintos servicios del hotel.
4. *Check-out:* salida del cliente, con la correspondiente facturación.

2.1. SIGH categorías

Los SIHG se dividen en dos categorías en función de los diferentes procesos:

1. *Front Office,* referidos al comportamiento del hotel y el exterior.
2. *Back Office* o procesos de gestión interna.

SON PROCESOS DE *FRONT OFFICE*	
Reservas (individuales, de grupo o de salones y banquetes)	**Bar y restaurante**
Introducción, modificación y anulación de reservas.	Facturación en punto de venta.
Entrada de *rooming list.*	Control de mesas.
Consultas y actualización del *booking*.	Control de ventas por camarero.
Consultas varias.	Arqueo de caja.
Generación automática de precios.	Cargos a habitaciones.
Reasignación de habitaciones.	Control de límites de crédito.
Etc.	Etc.

SON PROCESOS DE *BACK OFFICE*	
Parametrización	**Bar y restaurante**
Tipos de habitación.	Gestión de *stock*.
Tipos de bloqueo.	Control de escandallos.
Nacionalidades.	Producción por camareros.
Actividades.	Estadísticas ventas por artículo y departamentos.
Contratos.	Enlace a producción.
Formas de pago.	Etc.
Habitaciones.	
Agencias.	
Tarifas.	
Departamentos.	
Etc.	
Comercial	**Economato**
Gestión de contratos con agencias.	Diario de entrada de movimientos.
Gestión de tarifas y temporadas.	Diario de compras.
Pendientes de cobro.	Traspaso entre departamentos.
Información de cupos.	Regularizaciones de inventario.
Etc.	Estadísticas de rotación de artículos.
	Estadísticas de compras y proveedores.
	Enlace con terminales de puntos de venta.
	Control de *stocks*.
	Etc.

 Recuerde

En los establecimientos de alojamiento turístico, existe un estrecho contacto con el cliente, lo que produce una serie de interacciones a todos los niveles.

2.2. SIGH áreas

También podemos estudiar los procesos agrupándolos por áreas.

Área de gestión

Engloba procesos comerciales, de administración, de contabilidad y operacionales que se dividen en:

- *Back office:* RR. HH., gestión de habitaciones, comercial, almacén, servicio de mantenimiento, soporte a decisiones, contabilidad, etc.
- *Front office:* recepción, conserjería, bar, restaurante, etc.

También procesos de parametrización o configuración de:

- Tipos de habitación
- Habitaciones
- Servicios

Procesos referidos a departamentos como la agrupación de servicios y análisis de centros productivos.

Y procesos referidos a tarifas.

Área de ofimática

Es la tecnología necesaria para llevar a cabo el trabajo de la oficina. Es decir, *mailings,* informes, estadísticas y gráficos, etc.

Área de comunicación

Comprende:

1. Centrales telefónicas:

    - Tarificación
    - *Room status*

- Bloqueo/desbloqueo de extensiones
- Cargos de minibar
- Indicadores de mensajes

2. Conexión con terminales de puntos de venta (TPV):

- Gestión de *stocks:* integrado con el almacén, actualiza los productos consumidos.
- Gestión del bar y restaurantes: camareros, cobros, control de mesas, gestión de cartas, etc.
- Conexión con otros terminales: impresoras/pantallas de cocina, balanza electrónica, etc.

3. Lectoras/grabadoras de tarjeta chip o banda magnética:

- Aperturas de puertas.
- Consumo en punto de venta.

4. Sistema de televisión interactiva:

- Canales de TV, sistemas de video, retransmisiones de pago.
- Envío de mensajes.
- Consultar el detalle de gastos.

5. Puntos de información:

- Reservas de pistas deportivas, excursiones, etc.
- Cargar tarjetas, facilitar información servicios del hotel y servicios turísticos.
- Autoliquidar habitaciones sin pasar por recepción.

Área de inmótica

La inmótica abarca edificios grandes con distintos fines específicos y orientados no solo a la calidad de vida, sino también a la calidad del trabajo.

 **Definición**

Inmótica

Incorporación al equipamiento de edificios de uso terciario o industrial (oficinas, edificios corporativos, hoteleros, empresariales y similares), de sistemas de gestión técnica automatizada de las instalaciones, con el objetivo de reducir el consumo de energía, aumentar el confort y la seguridad de los mismos.

Al igual que la domótica, se basa en los siguientes conceptos: seguridad, confort, ahorro, comunicaciones y ocio.

Las aplicaciones de un sistema inmótico en un hotel se podrán diferenciar según usuarios o zonas. Las principales aplicaciones serán para la recepción, dirección, zonas comunes y habitaciones. Las más destacables son las de control de accesos, iluminación, climatización, alarmas técnicas y comunicaciones. Y serán:

1. Administración del edificio:

   ▪ Control ambiental: alumbrado y climatización.
   ▪ Control energético.
   ▪ Control de acceso: personal o visitantes.
   ▪ Sistemas de altavoces sonido.

2. Habitaciones:

   ▪ Control de acceso, desactivación automática de servicios y acceso en fecha y hora de salida.
   ▪ Control de acceso para personal del hotel.
   ▪ Control de climatización.
   ▪ Control de presencia: si se detecta la no presencia, se modifica el punto de temperatura y se apagan las luces.

2.3. SIGH módulos

Cada una de las categorías de los SIGH, *Front Office* y *Back Office,* se divide en los siguientes módulos:

Módulos de *Front Office*

Los programas que conforman el *Front Office* del sistema permiten el ingreso, control y análisis de la información generada por los huéspedes del hotel desde la petición de habitación, siguiendo con el registro del huésped y finalizando con el cierre de la cuenta.

Módulo de reservas

Las operaciones del módulo de reservas permiten reservar un espacio por un tiempo y para unos servicios para una o varias personas dentro del hotel, de forma ágil y con garantías para el usuario. Esto se hace controlando toda la información referente a la ocupación y disponibilidad de habitaciones, como aquellas habitaciones que están fuera de servicio, o con pre-registro, reservas garantizadas, confirmadas o no confirmadas, etc.

Módulo de recepción

Este módulo permite controlar y actualizar la ocupación del hotel y la disponibilidad de habitaciones así como la correcta aplicación de tarifas. El registro de huéspedes en el hotel puede realizarse mediante una reserva previa o a través de una entrada directa *(walk in)* y la asignación de la habitación puede ser previa al registro (pre-asignación) o en el momento de efectuarse este.

Módulo de caja recepción

Este módulo permite el control de las cuentas de los huéspedes del hotel con el registro de cada una de las transacciones o movimientos a cuentas de los huéspedes. En el caso de los grupos se pueden manejar cuentas extras para cada uno de los componentes del grupo y el encadenamiento de estas a una cuenta maestra.

Módulo de gobernanta

Este menú le proporciona a la gobernanta las herramientas para planificar y controlar las actividades sobre las habitaciones, integrándose de forma automática con las otras áreas del hotel involucradas como recepción y caja.

Auditoría nocturna

Este módulo permite verificar, controlar, registrar y contabilizar los movimientos y transacciones efectuadas por los usuarios en los diferentes turnos de trabajo. Durante el proceso de la auditoría:

- Son analizados los cargos diarios para generar las comisiones a pagar a las agencias o empresas.
- Se generan estadísticas de producción de segmentos de mercado, orígenes geográficos y uso de habitaciones.
- Se aplican los cargos a las cuentas de huéspedes.
- Para finalizar el cierre del día, se obtendrá un informe que contendrá un resumen global de los movimientos del día y de acumulado.

Módulo de estadísticas

Este módulo proporciona información estadística con acumulados diarios, mensuales y anuales referentes a la producción de habitación/noche y tarifas generadas por los diferentes segmentos del mercado; tipos de huésped, procedencia, nacionalidad, tipo de habitación, ingresos y agencias de viaje o empresa, etc.

Módulo de consultas telefónicas

Este módulo permite realizar consultas tanto de huéspedes registrados en el hotel como de reservas por llegar.

Cuando no exista una interfase con el tarificador de llamadas, podrán realizar estos cargos manualmente en la cuenta de un huésped.

Módulos de *Back Office*

Los módulos que conforman el *Back Office* permiten el manejo y control administrativo y financiero de la empresa. Los movimientos generados en el *Front Office* se integran a las aplicaciones de *Back Office* sin duplicidad de movimientos obteniéndose información en línea para la toma de decisiones.

Módulo de cuentas por cobrar

Permite llevar el control de todos los clientes con los que el hotel ha establecido un convenio de crédito, analizando los movimientos efectuados al mes e históricos, así como de clientes morosos, antigüedad de saldos y pronóstico de cobros.

Módulo de inventario de almacenes

Este módulo permite:

- Crear o modificar los artículos en el almacén.
- Controlar las existencias de forma global indicando cuando las existencias son mínimas o tramitando un pedido de algún departamento si la cantidad solicitada es la que existe en el almacén.
- Tener un resumen en cantidades y en valores a través de la valorización de los inventarios.
- Realizar inventarios físicos.
- Obtener información de todas y cada una de las transacciones que se realicen con los artículos.
- Aplicar ajustes sobre los artículos.
- Realizar el cierre mensual del inventario.
- Etc.

Recuerde

Todos los SIGH deben contemplar una serie de procesos, que representan a todo el hotel completo, y se reflejan en lo que se llama el mapa *workflow*.

Módulo de compras

En este módulo se puede:

- Registrar proveedores con las respectivas condiciones.
- Definir nuevos artículos.
- Comparar precios y, de manera automática, seleccionar los artículos más baratos y generar la orden de compra.
- Realizar el seguimiento a las órdenes de compra e informar de manera automática al almacén de su existencia.
- Etc.

Módulo de entradas de almacén

Este módulo permite realizar la recepción de mercancía y llevar un control de los artículos que entran al almacén afectando directamente a:

- Inventario: aumenta las existencias de los artículos recibidos y actualiza el costo del artículo.
- Cuentas por pagar: actualiza la deuda con el proveedor.
- Contabilidad: genera automáticamente el asiento contable.
- Órdenes de compra: si existen, le indica la mercancía recibida.
- Cárdex: indica el movimiento de entrada.
- Puntos de venta: si existen, actualiza el costo de los artículos.
- Coste de recetas: si están definidas, afecta el costo de los ingredientes.

Además, permite emitir el informe de las entradas totales del día, por períodos o consultar el histórico de entradas.

Módulo de salidas de almacén

A través de este módulo se:

- Despachan las solicitudes realizadas al almacén general desde los diferentes departamentos.
- Reciben en línea las solicitudes de los diferentes departamentos.
- Se afectan automáticamente las existencias, al cárdex y a la contabilidad, generando los asientos contables correspondientes.
- Se emiten informes detallados y resumidos en valores y unidades que sirven como herramientas de apoyo para el control de costos.
- Etc.

Módulo de cuentas por pagar

Este módulo permite:

- El control de la información de los proveedores.
- El control del detalle de las deudas.
- El control del pago a cada uno de los proveedores.
- Cargar manualmente movimientos que no se generan en el almacén como son las compras de servicios.
- Programar los pagos para su posterior autorización.
- Generar informes de saldos por cada período transcurrido, de principales proveedores en orden alfabético y por montos de mayor a menor, etc.

Módulo de bancos

En este módulo:

- Se ingresa la información de las cuentas bancarias.
- Se lleva el control de los cheques.
- Se afectan automáticamente las facturas de los proveedores en el módulo de cuentas por pagar, así como se genera el asiento contable correspondiente al módulo de contabilidad.

Módulo de contabilidad

En este módulo es donde se concentra toda la información contable generada con las operaciones realizadas a través de los diferentes módulos del sistema, que será procesada para poder presentarla de la forma establecida por los procedimientos contables, proporcionando herramientas necesarias para la toma de decisiones.

Módulo control de comisiones

Este módulo permite al hotel tener el registro y control de todas las operaciones, que según convenio, estén sujetas a pago de comisiones.

 Recuerde

Un hotel es una organización en la que el trabajo se realiza de forma cooperativa entre agentes, con el objetivo de proporcionar un servicio de calidad al cliente.

3. Programas a medida y oferta estándar del mercado

La mayoría de los sistemas de información hotelera informatizados cubren, con mayor o menor grado de eficiencia, todas las aplicaciones que constituyen la base de su gestión, tanto en *Back-Office* como en *Front-Office* (Baker, et al., 1994). Es decir, quedan cubiertos procesos tales como reservas, contratos con agencias, recepción, conexión a centrales telefónicas, facturación, auditoría nocturna, gobernanta, gestión comercial y de eventos, recursos humanos, contabilidad, etc.

Todas estas tareas se llevan a cabo por módulos que deben estar integrados para evitar la duplicidad de procesos en la gestión.

3.1. Programas estándar

Normalmente, las aplicaciones informáticas instaladas en estos son programas estándar, que ofrecen una serie de módulos fijos y no tienen en cuenta las particularidades de cada empresa y sus distintas formas de trabajar.

El empresario paga una licencia de uso, que le permite usar la aplicación en uno o más equipos, pero que en ningún caso le permite adaptar el programa a sus necesidades concretas.

Este paquete básico de gestión suele ser un sistema de *Front Office* que integra y enlaza funciones de reservas, *Check-in, Check-out,* cargo de servicios, incluso la auditoría y cierre del día, que hace que el personal trabaje de forma más sencilla con estos programas.

Las aplicaciones más habituales en ellos son:

- *Planning* de reservas.
- Entrada de clientes *(Check-in).*
- Creación de llaves digitales.
- Cargo de habitaciones.
- Cambios de habitación.
- Facturación a clientes y salidas *(Check-out).*
- *Planning* de disponibilidad.
- Gestión de tesorería.
- Bar/cafetería/restaurante.
- Enlace con centralita.
- Informes.

Existen infinidad de *softwares* diseñados para la gestión de alojamientos turísticos, algunos ejemplos: *Am Hotel, Infortur Hotel, Amadeus, Ofitel, Sysme, Sight Ulyses, Winhotel, Prestige, Opera* o *Sihot,* siendo estos dos últimos de los más implantados.

Además de estas aplicaciones, para incrementar la calidad de los servicios y, por lo tanto, sus ventajas competitivas, los establecimientos deben incorporar todas las tecnologías actuales. Algunas de estas, aplicadas en el sector son las siguientes.

Sistema de televisión interactiva

Supone la interconexión de los televisores de las habitaciones mediante una red de datos, de tal modo que puedan realizarse operaciones sobre los mismos desde un equipamiento centralizado. El cliente cuenta con un mando a distancia con el que opera en el televisor para hacer uso de las prestaciones disponibles en el sistema, algunas de las cuales son:

- Elegir una película para visualizarla.
- Recibir mensajes personales a través de la pantalla del televisor.
- Teclear la hora a la que desea ser despertado.
- Pedir alguna consumición al servicio de habitaciones.
- Ver en el televisor la cuenta detallada del hotel.
- Obtener información interna del hotel de la más diversa índole.
- Videojuegos.
- Acceder a internet.

Todas ellas con el consecuente coste que quedará automáticamente cargado en la cuenta personal del cliente.

Terminal de información

Estos sistemas permiten automatizar un gran número de servicios y mejorar la atención a los clientes del hotel, ahorrando tiempo y costes de gestión a las organizaciones. Incorporan pantallas táctiles y sonido estereofónico, así como un módem de comunicaciones para la conexión permanente con un centro de información y control, de modo que actualizaciones tales como la de vídeos informativos y mensajes escritos y orales, así como las tareas de gestión del terminal (diagnosis, configuración, estadísticas) puedan realizarse sin desplazamiento del personal.

Algunas de las capacidades de estos terminales son las siguientes:

■ Información del hotel en entorno multimedia.
■ Reservas de servicios dentro del hotel.
■ Consulta de la cuenta del cliente
■ *Check- out* automático y pago con tarjeta.

Reservas por medio de internet

Partiendo de un sistema de páginas web específico del hotel, mediante el cual se promocione y se dé a conocer, se puede llegar a establecer un sistema de acceso desde el centro servidor internet a la base de datos de gestión que contiene las tablas de reservas. De este modo, no solo los clientes individuales podrían consultar disponibilidad de habitaciones sino que las agencias con las que el hotel mantiene contratos podrían reservar directamente sobre su cupo.

Facturación telemática

En este módulo se permite, dentro de la gestión hotelera, la posibilidad de facturar a las empresas o clientes que así lo soliciten sin el uso de documentos escritos, sino por medios telemáticos.

El objetivo de los sistemas de intercambio de facturación telemática es aumentar la eficacia de la gestión empresarial, respetar la integridad de los datos, reconocer a efectos fiscales el carácter de justificante de las facturas electrónicas y dotar de la máxima eficacia a la inspección de tributos.

Empleo de tarjetas chip

Este módulo implanta el concepto de tarjeta única de cliente en el hotel, que permite al cliente, después de su llegada al hotel y de recibir su tarjeta chip, realizar todas aquellas operaciones relacionadas con este dispositivo en el hotel: abrir la puerta de su habitación, identificarse en los puntos de venta, hacer reservas de determinados servicios del hotel, consultar su estado de cuentas, emplearla como medio de pago interno del hotel, etc.

 **Nota**

La mayoría de estas ventajas expuestas forman parte de los servicios y son cada vez más habituales, especialmente en los establecimientos de mayor categoría.

3.2. Programas a medida

Conforme se incrementa la categoría de los establecimientos, se dispone de un mayor nivel de informatización de las diferentes áreas que lo integran, y por lo tanto un mayor nivel de adecuación de estos sistemas a las características de cada empresa.

Además, los sistemas tradicionales están orientados a una gestión hacia dentro de una propiedad hotelera (reservas, facturación, *house-keeping,* etc.), pero las actuales tendencias demandan una mejor gestión de los clientes, es decir, una gestión hacia fuera del hotel.

Entonces, las soluciones *software* se personalizan y se adaptan, con la ampliación de aplicaciones al módulo básico de gestión.

Veamos ahora algunos de los módulos "extra" que ofrecen empresas punteras en aplicaciones de gestión hotelera y cuyos *softwares* se encuentran entre los más instalados, como es el *software SIHOT*:

- **Web:** que supone disponer de una página web atractiva de cara al potencial huésped, pero sobre todo disponer de un sistema de reservas a través de internet con conexión directa al *Front-Office,* con lo que la disponibilidad se encuentra actualizada en cada momento.
- **Restaurante:** es decir, un sistema de puntos de venta, adaptado no solo a cada hotel, sino también a las particularidades de la gastronomía.
- **Fidelidad:** con este módulo se podrá implantar un sistema de fidelización de clientes, a través de tarjetas de cliente y programas de puntos.
- **Ventas:** le permitirá realizar efectivas campañas de *marketing*.

- **Eventos:** es un módulo específico para la gestión de banquetes que le permitirá controlar la ocupación de salas, la disponibilidad de recursos técnicos, diseñar contratos y plantillas de informes, programar avisos, etc.
- **Gestión central o *Head Quarter:*** que le permitirá gestionar de formar centralizada los datos maestros.
- ***Billbackup:*** es un módulo que complementa la contabilidad que permite emitir de forma rápida una factura o buscar una, entre otras ventajas.
- **Créditos:** es un módulo que permite estar al día en la gestión de créditos con funciones como la liquidación de créditos, control de vencimientos o envío de cartas de reclamaciones de facturas.
- ***Computer Telephone Integration:*** es un módulo que permite desde la llamada de un cliente desde un número registrado, abrirse su ficha de cliente, y realizar una reserva desde la misma. Igualmente, permite desde la ficha de cliente realizar una llamada a este.
- ***Interface:*** permite desde una simple centralita telefónica hasta sistemas de control de energía o reservas internet.
- ***Com-Server:*** es un módulo que permite exportar datos desde el sistema a otros *softwares,* con la consecuente elaboración de un sinfín de informes.
- ***Service:*** es el módulo que presta servicios de asesoramiento, instalación, formación y mantenimiento al personal durante 24 horas al día.

 Nota

___

Además de la particularidad de la adaptación, los programas realizados a medida para las empresas de alojamientos turístico permiten ceder al usuario la propiedad del código fuente.

___

4. Utilización

En este punto vamos a describir el modo habitual de realización de los procesos, desde la primera interacción entre el cliente y el hotel hasta la salida del cliente, desde el *Front Office* de un sistema de gestión hotelera.

Para ello, vamos a utilizar a modo de ejemplo el *software Micros Fidelio Suite 8.*

Micros Fidelio Suite 8

1. **Login.** Para utilizar cualquier sistema de gestión hotelera, lo primero será registrarse en el sistema, para lo que se debe estar en posesión de una identificación o contraseña de usuario válida.

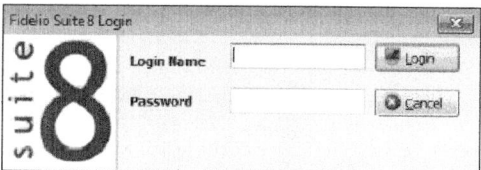

Pantalla de Login

Entonces, la pantalla de menú principal del sistema aparecerá.

2. **Reserva.** El menú principal del sistema suele tener iconos que representan cada uno de los principales módulos del usuario:

   ■ Pulsamos en el icono de **Reservas** *(Reservations).*
   ■ Una vez abierto el icono de reservas, iniciamos la búsqueda de cárdex, pulsando el icono de **Cárdex** *(Profiles Icon).* El cárdex es un

informe sobre un cliente, empresa, agente o grupo, que contiene información como el nombre, dirección, idioma e información estadística. El cárdex podrá estar creado, si se trata de algún cliente habitual, o podremos crearlo nuevo. Si lo creamos nuevo, una vez introducida la información, guardamos y cerramos.

▪ Volvemos a pulsar el icono principal de **Reservas** y, una vez que aparece la barra de herramientas de reservas, pulsamos el icono de **Nueva reserva.**

▪ Introducimos el inicio del apellido de nuestro cliente, y pulsamos **Buscar.** Aparecerán todos los cárdex que empiecen de esta forma. Seleccionamos el cárdex de nuestro cliente y pulsamos el botón de **Nueva reserva.**

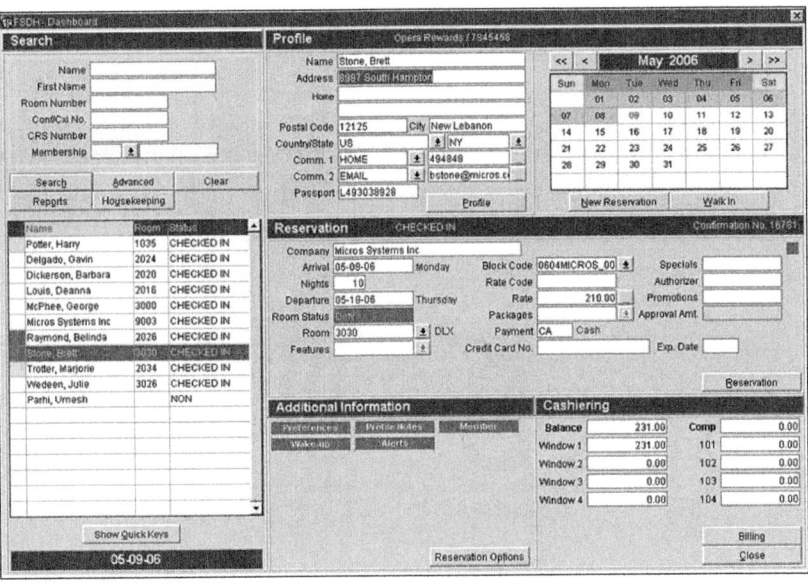

Pantalla de Búsqueda de clientes

▪ Introducimos los datos de la reserva: llegada, salida, número adultos, número de niños.

▪ Y seleccionamos la tarifa que le vamos a aplicar, pulsamos en el campo **Cod. de Tarifa.**

▪ Si tuviéramos que anotar alguna información adicional (depósitos, camas supletorias, cunas, etc.), pulsamos la pestaña **Más campos.**

■ Y en el caso de anotar alguna observación, dentro de la pestaña **Más campos,** pulsamos el botón de **Opciones** donde aparecerá la opción **Observaciones,** entre otras como Instrucciones de factura, Tarjetas de crédito, Mensajes, Confirmación, etc.

■ El sistema preguntará si se desea guardar previamente la reserva.

■ Una vez hechas todas las anotaciones, cerramos la reserva pulsando **OK** y el sistema nos facilitará un número de reserva.

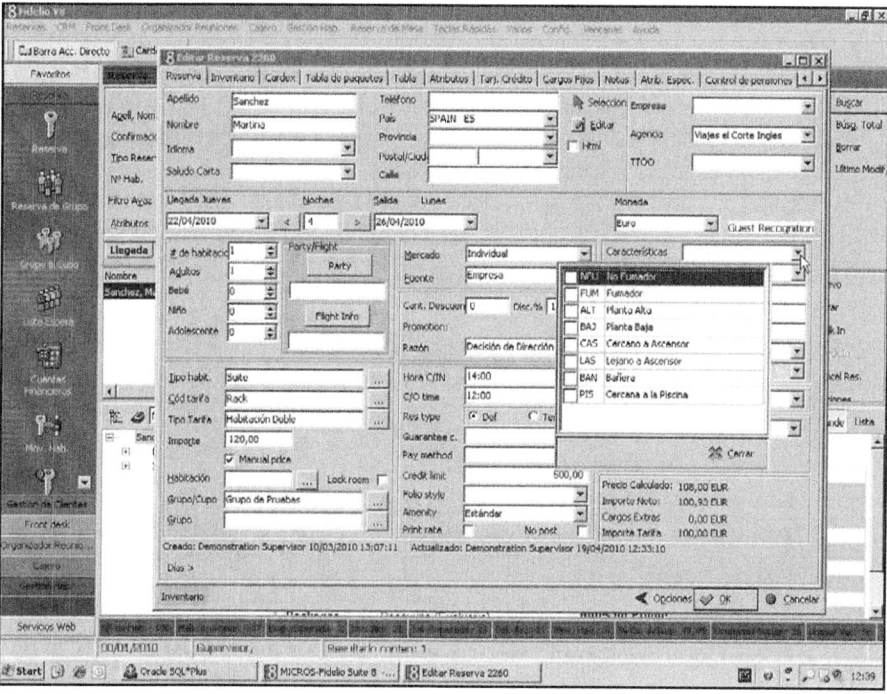

Pantalla Editar reserva

 Aplicación práctica

El Sr. Andrés García desea reservar una habitación para 2 dos noches, con entrada el 29 de julio y salida el 31de julio, para el, su esposa y su hija de 1 año. Es un cliente individual. Solicita una cuna para el bebé. ¿Cuáles serían los pasos a dar para realizar esta reserva?

Continúa en página siguiente >>

<< Viene de página anterior

SOLUCIÓN

A modo de ejemplo, la aplicación se ha basado en el *software* Micros Fidelio Suite 7, pero los pasos a seguir con cualquier *software* serán similares:

1. Pulsamos en el icono de Reservas.
2. Pulsamos el icono de Cárdex para buscar el cárdex del cliente, ya que es un cliente habitual.
3. Introducimos el inicio del apellido del cliente (Gar) y pulsamos Buscar.
4. Seleccionamos el cárdex del Sr. García y pulsamos el botón de Nueva Reserva.
5. Introducimos los datos de la reserva: llegada (29 de julio), salida (31 de julio), 2 adultos y un bebé.
6. Pulsamos el campo Cod. De Tarifa para seleccionar la tarifa que le vamos a aplicar.
7. Pulsamos la pestaña Más campos, y anotamos 1 cuna.
8. Pulsamos el botón Opciones, y pulsamos Observaciones para notificar a la gobernanta la solicitud de una cuna para la fecha de reserva.
9. Pulsamos OK y cerramos la reserva. El sistema nos facilitará el número de reserva.

---

3. *Check-in.* Es la transacción en la que se registra la entrada del cliente en el establecimiento.

   ■ Lo primero que hacemos es buscar llegadas.
   ■ Pulsamos en la barra del menú principal, el icono de **Recepción (Front desk).**
   ■ Pulsamos el icono de **Llegadas *(Arrivals)*** en la barra de Recepción.
   ■ Introducimos las iniciales del cliente y pulsamos **Buscar.**
   ■ Seleccionamos nuestro cliente y pulsamos *Ckeck-in.*
   ■ El sistema asignará una habitación disponible que se ajuste a nuestro cliente. Podemos ver otras disponibles.

4. **Cargos.** Una vez que el cliente se encuentra alojado en el establecimiento, este consume diferentes servicios que deben ser cargados en la cuenta del cliente en el sistema. Estos servicios pueden ser en forma de cargos fijos o manuales.

   ■ **Cargos fijos.** Se trata de servicios de los que el cliente va a hacer uso todos los días de su estancia.

▪ Desde la pantalla principal, pulsamos el icono **Cajero** *(Cashiering Ion).*

▪ En la barra de Cajero, pulsamos **Facturar.**

▪ Deberemos introducir un *login* de cajero (número y contraseña).

▪ Aparecerá la ventana **Buscar Facturación Cliente,** con todos los clientes que han hecho el *check-in* y los que han hecho el *check-out* en el día de hoy.

▪ Seleccionamos nuestro cliente y pulsamos **Selec.**

▪ Pulsamos el botón **Opciones,** y en la ventana que se abre el botón **Cargos fijos.**

▪ Pulsamos el botón **Nuevo,** y en la ventana que se abre seleccionamos el tipo de cargo. Pulsamos **OK,** posicionándonos con la ayuda del tabulador.

▪ Una vez que el cargo aparece en la ventana de cargos fijos del cliente, pulsamos **Cerrar.**

▪ Cargos manuales. Utilizaremos esta opción para cargos que tengan lugar una sola vez.

▪ Procedemos igual que en Cargos Fijos hasta que seleccionamos nuestro cliente.

▪ En esta ocasión pulsamos el botón **Cargos** y aparecerá la ventana de **Cargos manuales.**

▪ Introducimos el cargo y pulsamos el botón **Cargar.**

▪ Cerramos la ventana de cargos manuales y aparecerá la ventana de **Facturación del cliente** con el cargo anotado.

 Aplicación práctica

Una vez que el Sr. García ha llegado al hotel, nos comunica que desea hacer uso del *parking* del hotel durante toda su estancia. Indique cuáles serían los pasos a dar para cargar este servicio en la cuenta del cliente.

Continúa en página siguiente >>

<< Viene de página anterior

SOLUCIÓN

A modo de ejemplo, la aplicación se ha basado en el *sofware Micros Fidelio Suite 7,* pero los pasos a seguir con cualquier *sofware* serán similares:

1. Pulsamos en el menú principal el icono Cajero.
2. Pulsamos Facturar.
3. Introducimos el *login* de cajero (número y contraseña).
4. En la ventana Buscar Facturación Cliente que aparece, seleccionamos nuestro cliente y pulsamos Selec.
5. Pulsamos el botón Opciones y, en la ventana que se abre, el botón Cargos Fijos, ya que es un cargo que deberá hacerse todos los días de estancia del cliente en el hotel.
6. Pulsamos el botón Nuevo y, en la ventana que se abre, seleccionamos Parking y pulsamos OK desplazándonos con el tabulador.
7. El cargo aparecerá en la ventana de cargos fijos del cliente, entonces podemos pulsar Cerrar.

---

5. **Facturación y *check-out*.** La facturación es el proceso en el que se liquidan los cargos de un determinado cliente. Mientras que el *check-out* es la transacción en la que se registra la salida del cliente del hotel, liberando los servicios que tenía asignados (normalmente la habitación):

   ▪ Para realizar el proceso de facturación, pulsamos en el menú principal el icono **Cajero *(Cashiering Ion)*.**

   ▪ Una vez abierta la barra de Cajero, pulsamos el botón **Facturar** e introducimos el *login* de Cajero.

   ▪ Aparecerá la ventana **Buscar Factura de Cliente,** donde saldrán todos los clientes que han hecho *check-in* y los de *check-out* del día de hoy.

   ▪ Seleccionamos nuestro cliente y comprobamos que todos los cargos anotados son correctos.

   ▪ Pulsamos el botón ***check-out*** para realizar la facturación y el *check-out*.

   ▪ Tras seleccionar el *check-out* normal, nos aparecerá la ventana de Pagos. Pulsamos el botón **Cargar** y el sistema generará la factura lista para impresión.

▪ En la pantalla de facturación del cliente los cargos abonados aparecerán sombreados.

6. **Gobernanta.** Una vez producido el *check-out,* el sistema automáticamente marca la habitación como pendiente de limpieza. Además, con este módulo, se puede de manera manual indicar habitaciones fuera de servicio, asignar los trabajos de las camareras de pisos, cargos de minibar, etc.

7. **Auditoría nocturna** o **cierre.** Es un proceso fundamental que se produce fuera del *front-office* en el que el sistema se cierra para realizar las labores de mantenimiento diarias como los resúmenes estadísticos, cargos en las cuentas de los clientes, procesos de contabilidad en los cajeros, impresión de informes, etc., y sobre todo el cambio de día en el sistema.

   ▪ En primer lugar debemos identificarnos introduciendo nuestro nombre y clave.
   ▪ Desde la pantalla principal de la Auditoría de Noche, pulse **Empezar.**
   ▪ Aparecerá la ventana **Llegadas sin *check-in.*** Para cada una de las reservas tiene la opción de: editar, *check-in* o cancelar. Pulse **Continuar.**
   ▪ Aparecerá la ventana **Salidas sin *check-out.*** Puede editar o realizar el *check-out* de cualquiera de estos clientes. Pulse **Continuar.**
   ▪ Aparecerá la ventana **Reservas Canceladas**. Pulse **Continuar.**
   ▪ Aparecerá la ventana **Mensajes No Recibidos.** Puede borrar o imprimir cualquiera de estos mensajes. Pulse **Continuar.**
   ▪ Aparecerá la ventana de **Clientes alojados sin Código de País.** Puede seleccionar el código de una lista desplegable, o recurrir al cárdex o a la reserva. Pulse **Continuar.**
   ▪ Aparecerán las ventanas **Tiempo de Hoy** y **Auditor de Noche.** Puede anotar en ella texto libre. Pulse **Continuar.**
   ▪ Aparecerá un aviso por si desea cambiar las definiciones del informe. Si pulsa **Si,** aparecerá la ventana **Definiciones de Informe,** que le determinará qué informes se generarán durante la auditoría de noche. Puede imprimir o archivar los informes.
   ▪ Facturar cargos interface. Pulsar **SI.**
   ▪ Facturar cargos de habitación y tasas. Pulsar **SI.**
   ▪ Imprimir copias de seguridad e informes. Pulsar **SI.**

■ Comprobar los usuarios del sistema y enviarles un mensaje de que la Auditoría de Noche se está realizando para que abandonen el sistema.

 Nota

Aunque el cliente puede liquidar su cuenta en cualquier momento de su estancia, e incluso puede ocurrir que el cliente realice el *check-out* sin liquidar su cuenta, lo normal es que la facturación y el *check-out* se realicen en el momento de la salida del cliente.

 Recuerde

Hay que cerrar el interfaz de *front-office* antes de iniciar la auditoría nocturna y ningún usuario podrá permanecer dentro del sistema durante la misma.

En cualquier momento de la Preparación y de la Validación de la Auditoría Nocturna, puede parar el procedimiento pulsando el botón de "Parar" o "Abortar".

5. Resumen

Las empresas del sector turístico han ido incorporando paulatinamente en los últimos años, las nuevas tecnologías a sus organizaciones, a través de herramientas para la promoción de sus servicios en internet, a través de páginas web y publicación de anuncios, pero principalmente con herramientas para la gestión y control de la empresa, indispensables para afrontar la alta competitividad del mercado actual y poder ofrecer los niveles de calidad exigidos por los clientes.

Estas aplicaciones informáticas, los sistemas informáticos de gestión hotelera, los SIGH, consisten en un conjunto de bases de datos más el procesamiento asociado, además de una serie de funciones de interconexión con otros sistemas auxiliares como centrales telefónicas o terminales de punto de venta (TPV).

Los SIHG se dividen en dos categorías en función de los diferentes procesos:

- *Front Office,* referidos al comportamiento del hotel y el exterior, que contiene los módulos de reservas, de recepción, de caja recepción, de gobernanta, de auditoría nocturna, de estadísticas y de consultas telefónicas.
- *Back Office* o procesos de gestión interna, que contiene los módulos de cuentas por cobrar, de inventario de almacenes, de compras, de entradas de almacén, de salidas de almacén, de cuentas por pagar, de bancos, de contabilidad y de control de comisiones.

La mayoría de los sistemas de información hotelera informatizados cubren, con mayor o menor grado de eficiencia, todas las aplicaciones que constituyen la base de su gestión, tanto en *Back-Office* como en *Front-Office*. Es decir, quedan cubiertos procesos tales como reservas, contratos con agencias, recepción, conexión a centrales telefónicas, facturación, auditoría nocturna, gobernanta, gestión comercial y de eventos, recursos humanos, contabilidad, etc.

Normalmente, se instalan programas estándar, que ofrecen una serie de módulos fijos y no tienen en cuenta las particularidades de cada empresa y sus distintas formas de trabajar.

Es en los establecimientos de mayor categoría, donde se dispone de un mayor nivel de informatización de las diferentes áreas que lo integran y, por lo tanto, un mayor nivel de adecuación de estos sistemas a las características de cada empresa.

Además, los sistemas tradicionales están orientados a una gestión hacia dentro de una propiedad hotelera (reservas, facturación, *house-keeping,* etc.), pero las actuales tendencias demandan una mejor gestión de los clientes, es decir, una gestión hacia fuera del hotel.

Entonces, las soluciones *software* se personalizan y se adaptan, con la ampliación de aplicaciones al módulo básico de gestión.

Ejercicios de repaso y autoevaluación

1. **De las siguientes frases, indique cuál es verdadera o falsa.**

   a. Los módulos que conforman el *Back Office* permiten el manejo y control administrativo y financiero de la empresa.

      ☐ Verdadero
      ☐ Falso

   b. En los hoteles, las interacciones que se producen son siempre a nivel hombre-máquina.

      ☐ Verdadero
      ☐ Falso

   c. Las herramientas de gestión hotelera se conocen con las siglas de SIGH.

      ☐ Verdadero
      ☐ Falso

2. **El módulo de *SIHOT Billbackup* permite...**

   a. ... estar al día en la gestión de créditos.
   b. ... gestionar de forma centralizada los datos maestros.
   c. ... emitir de forma rápida una factura.

3. **Son procesos de *Front Office* los de...**

   a. ... reservas y economato.
   b. ... reservas y bar/restaurante.
   c. ... reservas y comercial.

4. El módulo de cuentas por pagar permite llevar...

  a. ... el control de los cheques.
  b. ... el control de las operaciones sujetas a pagos de comisiones.
  c. ... el control del detalle de las deudas.

5. Los programas de gestión a medida no...

  a. ... se adaptan a las particularidades de cada empresa.
  b. ... permiten ceder al usuario la propiedad del código fuente.
  c. ... pueden instalarse en todos los equipos con un coste adicional de licencias.

6. El área de comunicación no comprende los procesos...

  a. ... de las centrales telefónicas.
  b. ... comerciales, de administración, contabilidad y operacionales.
  c. ... de conexiones con TPV.

7. El módulo de recepción no permite...

  a. ... controlar y actualizar la ocupación.
  b. ... la correcta aplicación de tarifas.
  c. ... reservar un espacio, para un tiempo, unos servicios y unas personas.

8. Complete las siguientes oraciones.

Los programas que conforman el *Front Office* del sistema permiten el _____, control y análisis de la información generada por los _____ del hotel desde la petición de habitación, siguiendo con el registro del huésped y finalizando con el _____ de la cuenta.

El módulo de auditoría nocturna permite verificar, _____, registrar y contabilizar los movimientos y _____ efectuadas por los usuarios en los diferentes _____ de trabajo.

En el módulo de contabilidad es donde se concentra toda la información contable generada con las _____ realizadas a través de los diferentes
_____ del sistema, que será procesada para poder presentarla de la
forma establecida por los procedimientos contables, proporcionando herramientas necesarias para la _____.

9. **Relacione los siguientes procesos de *Front Office* y *Back Office*.**

    a. Nacionalidades
    b. Control de mesas
    c. Entrada de *roomig list*
    d. Producción por camareros
    e. Diario de compras
    f. Información de cupos

    __ Bar y restaurante *(Front Office)*
    __ Comercial
    __ Economato
    __ Parametrización
    __ Bar y restaurante *(Back Office)*
    __ Reservas

10. **¿En qué consisten los Sistemas Informáticos de Gestión Hotelera (SIGH)?**

    _____
    _____
    _____
    _____

11. **¿Qué podrá hacer el cliente a través de los terminales de información?**

    _____
    _____
    _____
    _____

12. ¿En qué dos categorías se dividen los SIGH dependiendo de los procesos que los conforman?

13. ¿Cuáles son las principales aplicaciones de los sistemas inmóticos en los hoteles?

14. Enumere los módulos que conforman el *Front Office* y el *Back Office*.

Bibliografía

Monografías

▌ALFARO Jiménez, J., GONZÁLEZ Fernández, C. y PINA Massachs, M.: *Economía y organización de empresas.* Madrid: Mc Graw Hill, 2003.

▌ARANDA, Á. W.: *Contabilidad Analítica.* Madrid: Síntesis, 1999.

▌ARANDA, Á. W.: *Gestión técnica-económica de hoteles.* Madrid: Centro de Estudios Ramón Areces, 1994.

▌ARCARONS, R.: *Administración, gestión y comercialización en la pequeña empresa hostelera.* Madrid: Síntesis, 2004.

▌BAYÓN, F. y MARTÍN, I.: *Operaciones y procesos de producción en el sector turístico.* Madrid: Síntesis, 2004.

▌BAYÓN Mariné, F. y GARCÍA, I.: *Gestión de Recursos Humanos. Manual para técnicos en empresas turísticas.* Madrid: Síntesis, 1994.

▌BLASCO, A. [et al.]: *Manual de gestión de producción de alojamiento y restauración.* Madrid: Síntesis, 2006.

▌CASANUEVA Rochas, C., GARCÍA del Junco, J. y CARO González, F. J.: *Organización y gestión de empresas turísticas.* Madrid: Pirámide, 2009.

▌CHIAVENATO, I.: *Recursos Humanos: el capital humano de las organizaciones.* Madrid: Editorial McGraw-Hill, 2010.

▌DÍEZ de Castro, J. y REDONDO López, C.: *Administración de empresas*. Madrid: Pirámide, 2020.

▌DORADO, J. A. y CERRA, J.: *Manual de recepción y atención al cliente*. Madrid: Síntesis, 2004.

▌FELIPE Gallego, J.: *Dirección estratégica en los hoteles del siglo XXI*. Madrid: Mc Graw Hill, 1996.

▌Gallego, J. F.: *Gestión de hoteles: una nueva visión*. Madrid: Editorial Paraninfo, 2002.

▌GÓMEZ Valls, F. y ROVIRA Val, Mª R.: *Contabilidad Financiera*. Madrid: Síntesis, 2000.

▌GONZÁLEZ, L. y TALÓN, P.: *Dirección hotelera. Operaciones y procesos*. Madrid: Síntesis, 2002.

▌IVARS, J.: *Planificación turística de los espacios regionales en España*. Madrid: Síntesis, 2004.

▌KASAVANA, M. L.: *Managing Technology in the Hospitality Industry. Lansing. American Hotel & Lodging Association*, Education Institute, 2011.

▌MARTÍN Rojo, I.: *Dirección y gestión de empresas del sector turístico*. Madrid: Pirámide, 2020.

▌MESTRES Soler, J. R.: *Técnicas de gestión y dirección hotelera*. Barcelona: Gestión 2000, 2003.

▌OMEÑACA García, J.: *Plan General de Contabilidad Comentado*. Bilbao: Deusto, 2005.

▌PEREIRA, F., BALLARÍN, E. y ROSANAS, J.: *Contabilidad para dirección*. Madrid: Eunsa, 2008.

❚ PÉREZ Gorostegui, E.: *Curso de introducción a la economía de la empresa.* Madrid: Centro de Estudios Ramón Areces, 2009.

❚ SIERRA Guillermo, J.: *Introducción a la contabilidad y al análisis financiero en el sector turístico.* Madrid: Pirámide, 2003.

Legislación

❚ Ley 4/2012, de contratos por turno de bienes de uso turístico, de adquisición de productos vacacionales de larga duración, de reventa y de intercambio y normas tributarias.

❚ Ley 43/2006, de 28 de diciembre, para la mejora del crecimiento y del empleo.

❚ Real Decreto Legislativo 2/2015, de 23 de octubre, por el que se aprueba el texto refundido de la Ley del Estatuto de los Trabajadores.

❚ Real Decreto 39/2010, de 15 de enero, por el que se derogan diversas normas estatales sobre el acceso a actividades turísticas y su ejercicio.

❚ Real Decreto Legislativo 2/2015, de 23 de octubre, por el que se aprueba el texto refundido de la Ley del Estatuto de los Trabajadores.

Textos electrónicos, bases de datos y programas informáticos

❚ Cálculo de VAN y TIR con Excel, de: <http://www.zonaeconomica.com>.

❚ Fundación tripartita para la formación en el empleo, de:
<http://www.fundaciontripartita.org>.

❚ MCA. PÉREZ Morales, José Gerardo: "Auditoría de Recursos Humanos: Función y descripción de puestos", de: <http://www.ilustrados.com/tema/2105/Auditoria-recursos-humanos-Funcion-descripcion-puestos.html>.

❚ PB_SIHOT SYSTEM.pdf, de: <http://www.gubse.de>.

❚ Punto de equilibrio, de: <http://www.todoexcel.com/punto-de-equilibrio>.